U0647994

我的生平

启真馆 出品

西方传记经典

我的生平

THE BOOK OF MY LIFE

[意]吉罗拉莫·卡尔达诺 著

王宪生 译

ZHEJIANG UNIVERSITY PRESS
浙江大学出版社

引　言

　　米兰名医吉罗拉莫·卡尔达诺，1501 年出生于帕维亚。佛罗伦萨人，本韦努托·切利尼，只比卡尔达诺年长一岁。在十六世纪的意大利这个充满活力的社会，这两个人都是生机勃勃的，卡尔达诺活到七十五岁，切利尼活到七十一岁。他俩在同代人中间广为人知，在艺术上和科学上，两个人都为大家帮过大忙。这两人都有写自传的念头，都给我们留下了生动、直抒胸臆的珍贵记录，记述了他们的生平和时代。

　　佛罗伦萨人切利尼在文学界人人皆知，其自传像小说一样广为流传。而对于吉罗拉莫·卡尔达诺的英灵，岁月则没有那么慷慨。然而，即便人们对卡尔达诺的兴趣一直不大，至少每一代人也都留下少许文字，以示对他的纪念。研究数学、秘传哲学 [①] 和自传体作品的历史学者，都无法把他忽略掉，他在这些领域都做出过重要贡献。为他立传的也不乏其人，尤其是英语作家。1854 年，亨利·莫利出版了《米兰医生吉罗拉莫·卡尔达诺传》[②]，比其更精彩的传记肯定寥寥无几。莫利的研究是基于卡尔达诺的生平事迹，

[①] 秘传哲学（Esoteric Philosophy），字面意思是普通人无法理解的学问，从其涉及的内容上看，可以称之为"万物灵魂学"，是探究人、宇宙万物和现象世界背后能量本质的一门学问，如人和自然的演化进程，宇宙是如何形成及运转的，人在宇宙中的位置等。——中译注（以下用‡代替）。

[②] 《米兰医生吉罗拉莫·卡尔达诺传》两卷本，查普曼与霍尔出版社，伦敦，1854 年。——英译注（以下用†代替）。

这些事迹在这位医生的所有作品里随处可见。莫利说："《我的生平》根本就不是自传，而是关于作者自己的一篇专题报告，由一个絮絮叨叨的老人撰写出来，这个老人最近非常伤心。"

W. G. 沃特斯以研究人文主义者及其时代而久负盛名，也很有鉴赏力。1898 年，他出版了一部《卡尔达诺传》，这本书虽然不像莫利的书那样描写了十六世纪意大利丰富多彩的生活，但给读者留下了一幅更为清晰的卡尔达诺身为学者和人文主义"产儿"的画像[1]。

1821 年，卡尔达诺的拉丁语自传《我的生平》被译成意大利语[2]，1914 年被译成德语[3]。但在此之前，没有一个人敢出版此书的英语版，尽管所有熟悉这部作品的人，无论是其诋毁者还是捍卫者，全都承认它是一部不同寻常的文献，在其同类作品中几乎是独一无二的。对于这一事实，安娜·罗伯逊·伯尔详尽无遗的著作《自传》让我们确信无疑[4]。

"但看我们了不起的自学成才的吉罗拉莫·卡尔达诺，我们发现有一种新的力量在起作用，"伯尔夫人在谈论三个了不起的自传典型时这样写道，这三个典型的代表人物是恺撒、圣·奥古斯丁和卡尔达诺，"这种力量既不是记录历史的冲动，也不是情感和宗教信仰的冲动，而是一种我们现在称之为对于科学的冲动。从 430 年圣·奥古斯丁的《忏悔录》到 1575 年的《我的生平》，中间隔了很长时间。古代世界消亡了，文艺复兴出现了，我们所说的现代时期诞生了。在这一千一百四十五年间，从奥古斯丁到佩拉的保利努斯、苏索，再到吉伯特，以至吉伯特之后的人，这些人

---

① 《吉罗拉莫·卡尔达诺生平研究》，伦敦：劳伦斯与布伦有限公司，1898 年。†

② V. 蒙托瓦尼，《米兰人、哲学家、著名医生与学者吉罗拉莫·卡尔达诺传》，米兰：松佐尼奥出版社，1821。†

③ 赫尔曼·赫费勒，《米兰人吉罗拉莫·卡尔达诺传》，耶拿：欧根·狄特利希斯出版社，1914 年。†

④ 安娜·罗伯逊·伯尔，《自传》，波士顿：霍顿·米夫林公司，1909 年。†

写了大量的宗教信仰方面的忏悔录；恺撒和约瑟夫斯之后，有关历史事件的回忆录稳固地确立了自己的地位，成为一种文学体裁。然而在此期间，对于自学科学的记载了无踪迹。"

"这一事实让我们认识到，这位意大利医生在自省时产生了一种全新的想法，'他好像觉得自己是一个新物种，以后再也见不到了似的'。他的自传……像卢梭的《忏悔录》一样，遭到了很多人的斥责，也拥有大量读者，也有很多人效仿。在十七八世纪的学术著作里，于埃、比尔东、托马斯·布朗爵士等人都提到过这本书，说这本书对他们的思想产生了很大影响……我们现在所说的科学精神，卡尔达诺就是最早表现出这种精神的人之一，一个新领域将要改变世界的面貌，他就走在这一新领域的最前列。他对后来的思想家和作品的影响，是一种科学精神的影响。"

"分析《我的生平》的第二个理由是这一文献本身的特点。这本书所提供的信息，还有其看法和逻辑，四百年来一直被误读、被误解。作为一种探讨，它在时间上大大超前了，甚至一百年以前，很多内容还无法理解。他是个科学家，对大脑和神经系统有浓厚的兴趣，对大脑、神经系统与人的身体、精神的关系有浓厚的兴趣，而当时这样一种关系的存在，根本就没有得到明确证实。在他行医之前，他自己的大脑和神经系统就出现了一系列最复杂的问题。"

"如果说他的推理显得荒诞不经，请不要忘记他的前提有多么荒唐叮笑。事实是，1575 年第一个心理学家坐在那里，仔细检查身边唯一的患者，这个患者表现出最显著、最独特，通常又是异乎寻常的特征，真是我们的好运气。这不仅是一个最前沿的科学家在检查这个大脑，而且这个大脑本身就属于最前沿的，并且呈现出显著特点和高品质，对其检查就显得很重要……这本书最有独创性，含有心理学资料，等待着一个专门学科的诞生和发展来对这些资料进行阐释。"

卡尔达诺在《我的生平·序言》(*De Vita Propria Liber*)里解释说,其自传内容"不是多么了不起的事件",而是其生涯中"很多值得注意的经历"。伯尔夫人提到的"心理学资料",必须从书里记录的这些值得关注的经历中去搜集。这些经历有真实的,也有想象的,有自然的,也有超自然的,有简单的,也有艰深的,全都杂乱无章地在一起。长期以来人们对其作者进行评价时,一直都是从一个极端转向另一个极端。他被称为科学天才、儿童、疯子或哲学家。依照现代心理学,吉罗拉莫·卡尔达诺也许更接近一个正常的变态者,(他只是)单纯、坦率地记录他的感受和反应。

1575 年,卡尔达诺写自传时,他七十四年的阅历成为写作的优势,其生涯中的"事件"在其传记中肯定找到了适当的位置,占据了适当的篇幅。对于他出生时的悲惨状况,对于他童年时代在米兰的不幸遭遇,如果说他似乎着墨过多,那是因为他认识到,这些早年经历对他的生存产生了深刻影响。而对于他在帕维亚和帕多瓦的大学生活,对于他获得的医学学位,他在传记中只是一笔带过,这些内容没有他在萨科村度过的幸福时光所占的篇幅多,他第一次行医就在萨科。他在萨科写作、赌博、发烧,在酒馆里辩论、结婚,一句话来说就是什么都干,但就是不务正业、不谋生计。他说,他有"一年无以为生",但承认那是他一生中最幸福的时期之一。

卡尔达诺与贫穷、耻辱、疾病搏斗了四十年,这在他身上留下的印记,要比迅速成名和暴富给他留下的印记更深刻,这是很自然的事。我们可以追寻他在贫困道路上的每一个脚步,直到他陷入赤贫,"不再穷下去了",因为他"已经没有任何可以失去的东西了"。

但我们几乎想不到他很快就时来运转，1539 年以后成为意大利北部最受欢迎、最吃香、最受追捧的医生。在普拉特基金的资助下，他在米兰得到一个数学公开讲座职位，随后被允许加入米兰医生协会。他成功治愈了一些疾病，在米兰可以合法行医了，这使他声名鹊起。《我的生平》里有一章篇幅很长，叫"行医成功的案例"，其中记录了四五十个治疗非常成功的病例。在他的自传中，这些案例取代了切利尼自传中对很多精美艺术品的描写。切利尼身为艺术家和珠宝匠，乐于回忆这些艺术品，就像他满足于制作这些艺术品一样。

他应邀担任帕维亚大学的教授，同时谢绝了教皇保罗三世给予他的资助，并放弃了到丹麦担任宫廷医生的机会。与此同时，他的书陆续出版。1545 年，了不起的代数著作《大术》（*Ars Magna*）出版，这是他的数学代表作，其中有一些公式和原理到现在还以他的名字命名。三次方程的解法被称为"卡尔达诺公式"，不过这是被布雷西亚的尼科洛·塔尔塔利亚发现的，卡尔达诺为了科学而辜负了塔尔塔利亚对他的信任①。

1552 年，卡尔达诺应邀到苏格兰去护理约翰·汉密尔顿，这人是圣安德鲁斯大主教，也是摄政者的兄弟。他从苏格兰宫廷来到英格兰爱德华六世的宫廷。在伦敦期间，他住在约翰·奇克爵士家里，约翰爵士在"牛津教希腊语，也教国王爱德华希腊语"②。卡尔达诺返回时穿越了欧洲，这是一次成功的游历，各方人士都向他示好，向他发出邀请，送给他礼物，其天才和名望得到了广泛承认。

---

① 参见本书第四十四章英译注。†
② 原文有误。这里引用的是著名诗人弥尔顿的话，但弥尔顿的原话是说约翰爵士在"剑桥教希腊语"，不是在"牛津教希腊语"。在下面第十五章的一个注释里，英译者再次引用这句话时，避免了这一错误。‡

　　假如卡尔达诺没有给我们清晰地描绘他最辉煌的时刻，我们就不会漏掉后来发生的那个灾难性事件的一个细节，也就是他的长子因为杀妻而被处决。那一天的悲伤和恐惧，卡尔达诺一辈子也没有从中恢复过来。他无法忍受这个熟悉的环境，就永远离开了米兰，接受了博洛尼亚大学一个医学教授职位。熬过八年的痛苦之后，他来到罗马，可能是受到对神不虔敬的指控，被监禁了一段时间，不过获释后他被罗马医生协会录取，受到了教皇的保护。

　　德尤告诉我们，1576 年 9 月 20 日，卡尔达诺死于罗马。他被埋葬在圣安德鲁斯教堂，不过后来他孙子把他的遗体移葬到米兰，埋在圣马可教堂他父亲法齐奥旁边。

　　卡尔达诺的大脑不停地运转，著述甚丰，足以填满对开本的七千页。他大量的医学作品有四大卷，1663 年，斯庞刊印的对开本，名叫《作品大全》（Opera Omnia）。除了少数几部用本族语写的论著之外，他的作品都是用拉丁语撰写的。他的很多书，如《事物之精妙》（De Subtilitate），类似于十六世纪的科学大纲，此书一共出了六版或七版。

　　《我的生平》最初于 1643 年在巴黎出版，加布里埃尔·诺德编辑时写了一篇评语作为序言，对后世如何评价和刻画这位米兰人产生了持久影响。诺德表示卡尔达诺大体是个道德上的恶魔，尤其受迷信支配，根本不把真理放在心上。1654 年，《我的生平》第二版在阿姆斯特丹出版。1663 年，斯庞在里昂刊印了十卷本的卡尔达诺《作品大全》，其中《我的生平》是最后一次用拉丁语出版。

　　这个译本依据的是第一版和第三版，这两个版本都充斥着大量错误、缺陷和遗漏，所以要把吉罗拉莫·卡尔达诺先生从十六世纪昏暗的拉丁语世界里挖掘出来，让他在二十世纪的英语世界里复活，工作量就增加了。

序　言

我写的这部自传仿效的是哲学家安东尼[①]。安东尼被赞誉为最聪明、最杰出的人，清楚地知道凡人不会取得完美的业绩，更不可能免于被毁谤。然而他也知道，人所能达到的目标中，最令人满意、最有价值的莫过于认识真相。

我坦然地申明，我没有多写一个字来夸耀自己，或是仅仅为自己涂脂抹粉，而是尽可能地只采集经历，也就是我的学生有所了解或亲自参与的事情，尤其是埃尔科莱·维斯孔蒂、詹保欧·尤福米亚、鲁道夫·塞尔瓦蒂科等人[②]。我的经历中这些简短的交集，也以叙述形式写了下来，成为这本书。

加斯帕罗·卡尔达诺是一名医生，也是我的亲戚和学生，几年以前试图做这件事，但突然死了，没有把这件事做完。还有个犹太人[③]，一个不能证明自己担任过行政官的人，觉得自己有权利这样做，就不加评论地做了。因此，我虽然没有过辉煌的时刻，

---

① 即马可·奥勒留·安东尼，卡尔达诺指的是他著名的《沉思录》。†
② 关于这几个人的情况，参见本书第三十五章。†
③ 可能是弗莱维厄斯·约瑟夫斯，卡尔达诺经常提到他的作品。†

但肯定有很多值得注意的经历。我也知道，盖伦^①也试图为我们描述他的生平。对盖伦本人来说，在他的作品里披露一个又一个事件似乎更合适。而学者们不当一回事，甚至没有一个古典作家试图把作品按顺序整理好。

　　不过我的自传没有一点文采，也不打算给任何人以教海，只是讲述我自己的故事而已，不是多么了不起的事件。毫无疑问，苏拉、盖乌斯·恺撒，甚至奥古斯都，都以古人为榜样，写过自己的生平和业绩。所以，我也像这些人一样讲述我自己的生平，讲述的方式一点也不新鲜，这并不是我自己的创造。

----

① 盖伦（Claudius Galenus，131—201），希腊名医，165 年在罗马定居。吉罗拉莫·卡尔达诺觉得自己在很多方面都很像盖伦，实际上也就是像。两个人都比周围的人智力水平高，都爱自夸，都相信梦和征兆，都缺乏勇气。两个人都努力和庸医作斗争，都是希波克拉底的忠实信徒，都注释过这位医学之父的著作。盖伦写过两本专著论述自己的著作，论述这些著作应该排列的顺序，这两本书他称之为《我自己的书》（*De Libris Propriis*）。卡尔达诺也写过三本完全一样的书，也用了同样的书名。†

目　　录

第一章

家乡和祖先

我老家在米兰公国，卡尔达诺家族的祖居地离米兰城有约二十四英里，离加拉泰只有约七英里。

家父法齐奥是法学家，祖父是安东尼奥，曾祖父也叫法齐奥，高祖父是奥尔多。曾祖父法齐奥有三个儿子——乔瓦尼、奥尔多、安东尼奥，这位安东尼奥就是我的祖父。安东尼奥的儿子有戈塔尔多、法学家和高级教士保罗、我父亲法齐奥，还有一个私生子名叫保罗。同一个家族还健在的，差不多有三十个亲属。

卡尔达诺家族或是单独一条血脉，或是像有些人认为的那样，是卡斯蒂廖尼家族的一个分支，但无论如何，它肯定都是既高贵又古老的。从 1189 年起，一个名叫米龙·卡尔达诺的人担任米兰行政长官达七年又八个月，无论是按教历算还是按民历算。他不仅主持民事诉讼，甚至还像其他政府首脑一样，主持刑事审判。他还负责米兰管辖的其他城市的案件，也负责整个地区的案件，其中有科摩市。米龙得到这一高位是通过大主教克里韦利，当时克里韦利匆匆晋升为教皇，号称乌尔班三世①。

还有一些人认为，马泰奥·维斯孔蒂的军队首领佛朗切斯科·卡尔达诺属于本家族我们这一分支。不过我们要是卡斯蒂廖尼家族这一分支，就会更加显赫，因为教皇切莱斯蒂诺四世②就出自这一分支。

另外，我们的祖先全都长寿。曾祖父法齐奥的三个儿子分别活到九十四岁、八十八岁、八十六岁。伯祖父乔瓦尼有两个儿子，安东尼奥活到八十八岁，安焦洛活到九十六岁。我小时候见过这位年迈的老人。伯祖父奥尔多的独子贾科莫，活过了七十二岁。伯父戈塔尔多活到了八十四岁，我也见过他。我父亲活到了八十岁。那个堂伯父安焦洛活到了九十六岁，甚至到八十岁时还生了儿子，一个羸弱的婴儿，像父亲一样衰老。八十岁以后，他又恢复了视力。他这几个儿子中，长子活到了七十岁，我听说他有几个孩子长成了巨人，很久以前我亲眼看见过。

另外，在米凯里家族（家母奇亚拉家），我外祖父贾科莫活到了七十五岁，我小的时候他兄长安焦洛当时八十五岁。这是他本人告诉我的。

有学问、很正直，这是我父亲、伯父、外祖父的共同特点，而外祖父和我父亲天生长寿，也有不同寻常的数学才华。外祖父遭到监禁的时候，和我本人蹲监时的岁数相差无几，我俩都是七十岁。

---

① 乌尔班三世（Pope Urban III，1185—1187 在位），本名翁贝托，出身于米兰高贵的克里韦利家族，1182 年被卢修斯三世册封为枢机主教，1185 年担任米兰大主教。1185 年 11 月 25 日，卢修斯死于维罗纳，当天米兰大主教就当选为他的继承人，并于 12 月 1 日加冕。选举之所以如此匆忙，可能是担心帝国干预。引自《天主教百科全书》。†

② 本名戈德弗雷多·卡斯蒂廖尼，米兰人，乌尔班三世的侄子，被格里高利九世册封为枢机主教，1241 年 10 月 25 日继承格里高利九世担任教皇，当时教皇与皇帝腓特烈二世的战争达到高潮。他在位十五年后去世。引自《天主教百科全书》。†

卡尔达诺家族另外还有五个分支，都是奥尔多的后裔：安东尼奥这一支始于 1388 年，加斯帕里尼这一支始于 1409 年，拉伊涅里这一支始于 1391 年，最早的恩里科这一支始于 1300 年，其后裔贝尔托和乔瓦尼·法齐埃托年纪相仿。还有古列尔莫，他的盛期搞不清楚是什么时候，他三个儿子佐罗、马蒂诺、乔瓦尼都住在加拉拉泰。

第二章

我的出生

　　我是这样听说的，虽然用了各种堕胎药，但都不起作用，我还是在 1500 年 9 月 24 日正常降生，夜里第一个小时过了一大半，但还不到三分之二①②。

　　算命天宫图上最重要的几个位置，我已显示在对托勒密评注的四卷本增补的第八张降生图上③。所以，我已考虑到两个发光体都降落到相位上，黄道度数都没有升高，因为它俩位于第六宫和第十二宫。它们以前可能在第八宫，受到同样条件的限制，第十二宫南移，不是个有相位的宫，可以说那里的星正从相位上下

---

① 卡尔达诺在《论安慰》第三卷和《作品》第一卷的第 619 页说："我出生于 1501 年 9 月 24 日，半死不活。"《我的生平》所有版本都说是 1500 年。在其算命天宫图上，卡尔达诺标注的出生日期和时辰是 1501 年 9 月 24 日 6 点 40 分。根据意大利旧时的计算方法，"夜里第一个小时"就是 6 点。†

② 当时意大利延续了希伯来人的计时方式，也就是以日落为一天的开始，从第一个日落到第二个日落为一天，每天的计时也就从日落开始。这种计时法是从《圣经》中的有关记载引申而来："神称光为昼，称暗为夜。有晚上，有早晨，这是头一日。"神在这里暗示先有晚上，再有早晨，所以日落就是一天的开始。参见《圣经·创世纪》1：5。‡

③ 吉罗拉莫·卡尔达诺，《托勒密论天体评注，连同十二张样本降生图》。这部著作以四卷形式出版，连同十二张算命天宫图，其中第八张是卡尔达诺自己的。†

降。煞星 ① 虽然不在相位，不过火星正对每一个发光体产生有害影响，因为它们的位置不协调，其星位垂直于月亮。

所以，要不是之前的会合地点在处女宫二十九度，水星在上面是宫主星 ②，我本来会很容易成为畸胎的。无论是这一星相还是月亮的位置或升位，都是不一样的，也不适用于处女宫的第二区间。结果我本该成为畸胎，实际上也差一点成为畸胎，我是从母亲子宫里被硬拉出来的，这样说一点也不夸张。

我就这样出生了，更确切地说，我是从母亲肚子里被用力拽出来的，当时差不多快死了。我的头发又黑又卷曲。我被放进一浴盆热酒里活过来了，要是其他孩子被放进去的话，可能就没命了。我母亲分娩了整整三天，但我活下来了。

回头还说算命天宫图。由于太阳、两颗煞星、金星和水星都是人的属座，我并没有脱离人形。由于木星在升位，金星是宫主星，我并没有残废，除了生殖器之外，所以我从二十一岁到三十一岁之间，没有能力与女人同房。我好多次为命运而感到悲伤，妒忌其他男人运气好。

就像我在前面所说的那样，虽然金星是宫主星，木星在升位，我的命数仍然很不幸。我天生的说话结结巴巴，性情介于冷酷和沉静之间。按照托勒密的分类，就是有一种本能的做出预言的强烈欲望。在这类事情上——说得更准确点，这叫有先见之明——还有其他预测未来的方法上，我有时候显然很成功。

由于金星和水星在阳光之下，这一发光体就产生了它们的合力，因此我就躲过了来到世上的一部分后果，就像托勒密所说的那样，这么悲惨这么不幸，如果太阳本身不直接下降，降到第六

---

① 火星和土星是煞星。†
② 处女宫是人的属座。†

宫，不再升高的话①。所以，我天生有点狡猾，思想一点也不开放，实际上我的每一个看法不是太严厉，就是太可怕。

简而言之，我得说我是个丧失了体力的人，没有几个朋友，收入微薄，树敌很多——大部分仇人我既叫不出名字，见了面也不认识，没有普通人的智力、记忆力差，不过在预测未来上好一些。如果考虑到我的家族和前辈，我的状况算是糟糕了。但出于某种未知的原因，我在他们中间被认为是体面的，是值得效仿的。

奥古斯都和我的出生日期相同②，在整个罗马帝国，一个新的统治时期开始了。也是在我生日这天，最仁慈的西班牙国王斐迪南及其妻子伊莎贝尔第一次派一支舰队出海，就发现了整个西方世界③。

---

① 卡尔达诺的算命天宫图显示太阳在天秤宫，这一位置据说是下降。†
② 奥古斯都出生于公元前 63 年 9 月 23 日。卡尔达诺在《逆境的用处》里说他的生日是 9 月 23 日，按照现代计时法，下午 6 点 40 分还是 9 月 23 日，而按照意大利旧时计时法，算是第二天的第一个小时，即 9 月 24 日。†
③ 卡尔达诺指的可能是哥伦布的首次航行。如果真是这样，他的日期算错了七个多星期。哥伦布从帕洛斯港扬帆起航是在 1492 年 8 月 3 日。†

第三章

我父母的性格

我父亲平时穿一件紫斗篷，这在我们社区很不寻常，不管啥时候都是戴着一顶黑色的小便帽。他说话的时候常常结巴。他是个有多种爱好的人。他面色红润，眼睛发白，夜里也能看见东西，直到生命的最后一天也不需要戴眼镜。这一忠告老是挂在他嘴边："让每一颗心灵都赞美主吧，主是所有美德的来源。"

他年轻时头上受过伤，几块骨头被去除了，结果长时间不戴帽子就受不了。从五十五岁那年以后，他满口牙都掉光了。他非常熟悉欧几里得的著作，由于经常学习，他两个肩膀都成了圆肩。我的长子在相貌、眼睛、肩膀、走路的姿态上，都很像我父亲，但小伙子说话更溜一些，也许是和年龄有关吧。

我父亲只有一个非常亲密的朋友，尽管职业大不一样，他叫加莱亚佐·罗索，罗索是他家的姓。他比我父亲死得早。还有个议事会成员詹南杰洛·塞尔瓦蒂科，是我父亲的学生和受监护人。

加莱亚佐·罗索是个铁匠，与我父亲结识是由于一些共同的习惯和相似的精神追求。在阿基米德的著作出版之前，他就发现了阿基米德螺旋。他发明了一种锻造剑的方法，打造的剑可以像铅一样弯曲，但砍起铁来简直像砍木头一样。除此之外，他用钢制作的护胸甲，可以挡住士兵们携带的火器射出的子弹，一块金属板就足以承受相当于普通火力五倍的打击，几乎不留下一个凹痕。我自己年轻的时候，就经常观看这一试验。

我的母亲①很容易被激怒，她才思敏捷，记东西快，是个虔诚的矮胖女人。脾气急躁是我父母共同的特点，两个人想不到一块儿，连爱孩子也是这样。不过他们对子女娇生惯养，父亲甚至允许我八点以后再起床，实际上是嘱咐我这样做，这一做法对我的生活和身体健康大有好处。我甚至可以斗胆这样说：我父亲好像更好，比母亲对我还要好。

---

① 奇亚拉·米凯里，三十多岁的寡妇，带着三个孩子和法齐奥·卡尔达诺同居，当时法齐奥五十六岁。两个人好多年没有结婚，后来可能结了婚。卡尔达诺在《我的生平》里只字未提结婚这档子事，只是暗示他父母共同维持着一个家，直到他父亲去世，不过其间分居了一段时间。†

第四章

生平简述，从出生直到 1575 年 10 月底

　　假如苏维托尼乌斯碰巧注意到我这一章的写作方法，他可能会增添一些对读者有用的东西①，因为正如聪明人所说，任何事物都可以用某种方式统一起来。

　　我在帕维亚出生以后，第一个月就失去了奶妈，他们对我说她染上瘟疫，当天就死了②，妈妈又回到我身边。我脸上长了五个痈，呈十字架形，有一个在鼻尖上，长痈的地方还有很多肿块，

① 卡尔达诺要按时间顺序来描述自己的生平，他把这一方法和苏维托尼乌斯的方法加以对比。苏维托尼乌斯在其自传里并没有按时间顺序来描述，而是把同类事情放在一起。如果我们从整体上来看《我的生平》的话，卡尔达诺自己的计划肯定也是这样。所以，他这一评论仅限于针对这一章。†

② 发生这件事的日期，几乎与梅毒流行的日期相吻合，1495 年梅毒出现在那不勒斯，随后蔓延到整个欧洲，也传播到宫廷和军营。参见弗拉卡斯托罗的诗《梅毒》。不过卡尔达诺描述的瘟疫对他的影响，与吉罗拉莫·梅尔库里亚勒在一部作品里描述的更为接近，这部作品名叫《论普遍流行的瘟疫，尤其是在威尼斯和帕多瓦流行的瘟疫》，巴塞尔，1576 年。在第二十九章"毒痈"中，梅尔库里亚勒提到很多症状，其中有"全身各处都有痈"，又说"在很多互不相连的广大区域同时爆发，德意志人和意大利的威尼斯人、帕多瓦人、米兰人、卡拉布利亚人同时受害"。对于 1501 年在米兰流行的瘟疫，他一句也没有提，不过说了这么一句："1528 年流行病大爆发，据最著名的作家说，人口死亡了三分之一。"卡尔达诺在本章后面再次提到这次瘟疫。†

人们称之为痘疮，三年以后又长了出来。

我出生两个月还没有到，帕维亚的伊西多罗·雷斯蒂就把我从一个热醋浴盆里光着身子抱出来，然后交给了一个奶妈。奶妈把我带到一个叫莫伊拉戈的村庄，离米兰有七英里，与我们的帕维亚城连成一条直线，穿过比纳斯科城。我在这里衰弱下来，肚子又硬又胀。后来原因查明了——我的奶妈怀孕了——又把我转交给一个更好的奶妈，她喂我奶一直到我三岁。

我四岁那年被送到米兰，妈妈和姨妈都待我很好（除了有时候父母都不讲道理，用鞭子打我）。姨妈名叫玛格丽塔，我觉得是个没有任何仇恨的女人。我多次生病，到了死亡的边缘。后来我刚到七岁——当时父母并没有住在一起——有时候真该挨一顿鞭子抽的时候，他们又决定不再这样惩罚我了。

我的晦气一点也没有抛弃我，只是变换不同的方式让我倒霉。父亲租了一所房子，带着我、母亲和姨妈一起回到家里，从此以后他就让我每天都陪着他，也不管我年幼体弱。

我从一种平静的生活状态，陷入一种老是出力受累的状态。结果刚到八岁那年，我就患上痢疾，还发起烧来。这种疾病即便算不上瘟疫，在我们这座城里也是广为传播，另外我还吃了很多没有熟透的葡萄。巴纳博·克罗切和安吉洛·吉拉被叫来。在宣布我脱离危险之前，我父母和姨妈都哭了起来，好像我真的死了一样。

我父亲是个内心虔诚的人，宁愿寻求圣哲罗姆的帮助，发誓把我托付给圣哲罗姆，也不愿请求那个魔鬼，他公开承认这个魔鬼一直伴随着他，是个很熟悉的精灵[1]，这种关系有什么意义，我根本就不去探究。

---

[1] 年迈的法齐奥·卡尔达诺常说，他像苏格拉底等人一样，受到一个魔鬼或精灵的青睐，这个魔鬼与他为伴，给他出主意，陪伴了他三十八年。†

威尼斯人在阿达河地区被打败之后，法兰西人欢庆胜利①，这时我正逐渐康复，被允许透过窗户观看。我一康复，就不再陪伴父亲，后面的任务也没有了。

但朱诺②的愤怒还没有平息。我的病还没有完全康复，又手里拿着锤子从楼梯上摔了下来，当时我们家住在马伊尼街。锤子砸到了我前额上部左侧，脑袋受了伤，后果有点严重，留下的伤疤直到今天还在，而且永远都会在。

这次受的伤刚好，我正坐在家门口，从我们家旁边一座高房子顶上掉下来一个石子，宽度和长度像个坚果，但薄得像一块树皮，又伤到了我左侧头发很厚的地方。

我大约十岁的时候，我的父亲从那所显然是被诅咒的房子里搬了出去，离开了这一带，住进另一所房子，但还在同一条街上。我在这里住了三年。

我的命运还没有改变，父亲再一次不容分说，非让我陪着他当听差不可。我不会说他苛刻，这好像是神的安排，一点也不能怪我父亲，读者看到后面发生的事情就会相信了。另外，母亲和姨妈都打心眼里同意他这样使唤我。不过他对我比以前仁慈多了，这段时间他有两个外甥跟着他，一个接着一个。有这两人效劳，我的负担就轻多了，不需要一直陪着他了，就是陪着他的时候，我的差事也不那么令人厌烦了。从此以后，我一直都是他的听差。

在此期间，我们又搬家了。最后，到我十六岁那年年底，我们住在博西家的面包房附近：业历山德罗·卡尔达诺家的房子。

父亲有两个外甥，都是他姐姐的儿子。一个是埃万杰利斯塔，差不多有七十岁了，属于方济各会。另一个是奥托内·坎托尼，是个富有的收税员。奥托内临死之前，想让我继承他全部的财产，

---

① 1509 年 5 月 14 日，法兰西人在阿达河附近打败了威尼斯人，在米兰欢庆胜利。†
② 罗马神话里主神朱庇特之妻。‡

但我父亲不允许，说这些钱来路不正，这样其财产就由活下来的那个兄弟自行处理了。

我十九岁那年年底，到帕维亚学校①上学，由吉安·安布罗焦·塔尔加陪同。第二年我还在这里，但没有人陪伴了。二十一岁时，我还和这位朋友一起回到帕维亚。这一年我参加公开辩论，在语法学校教欧几里得。几天以后我讲辩证法，也讲授基础哲学课程，一开始为修士罗莫洛·塞尔维塔讲授，后来在几堂课上为一位医生讲授，他名叫潘多尔福。

二十二岁那年，我待在家里，原因是我们这打仗，其他一切活动都停止了。1524年初后不久，我去了帕多瓦②。幸运的是，到了后半年，也就是8月，我和詹南杰洛·科里奥一起去了米兰，发现我父亲病情非常严重。他为了我好而不是为他自己，就命我回到帕多瓦，因为他知道我获得了威尼斯文学学位③，也就是他们所说的学士学位。回去以后，我收到信说父亲死了，他一连九天不吃东西。他从8月20日开始禁食，那是个星期六，最后死于28日。

二十四岁那年年底，我成为学院院长④。第二年年底，我获得了医学博士学位。票投了两次，我以多一票的优势得到了一级荣誉。作为二级荣誉候选人，我失利了两次，有四十七张反对票。

---

① 现在的帕维亚大学，创建于1361年，位于一所古老而又著名的法律学校的校址上，这所法律学校始于十世纪。现在的建筑始于1490年，在卡尔达诺入校三十年之前，后来又增添了很多建筑。据说哥伦布一度在帕维亚学习。†

② 帕多瓦几个世纪以来一直都是个文化中心，其大学创建于1222年，与博洛尼亚大学争夺欧洲各地的生源。1592年到1610年间，伽利略在这里教书。†

③ 这种学位在意大利不太吃香，拿不出多少钱上学的人才去读。†

④ 卡尔达诺多次在很多著作里断言他是院长，就像他多次在很多地方声称他求真一样，所以他是院长这一说法应该是可以接受的，不过在现存的帕多瓦大学档案里，院长名单上并没有提到他。从1508年到1515年间，帕多瓦大学由于战争而被迫关闭。从1515年到1525年间，院长的名字没有被记载下来，只是在1526年任命了一个助理院长。如此说来，卡尔达诺的院长身份肯定是不合法或冒充的，没有得到正式承认。†

第三次尝试是最后一次，结果我是第一名，其中有九张反对票，与上次的赞成票数完全一样，剩下的四十七张都是赞成票。

这些数据没有意义，我不是不知道。我只是按照它们出现的顺序记下来，这样我读到的时候会感到满足。这些个人事项我记下来不是让别人看的。不过如果碰巧有人屈尊去看，也请这些人注意，重大事件的开始和结局并不总是显而易见，或者是因为这些事通常发生在别人身上，不是发生在我们自己身上，或者是因为发生在自己身上时，我们并不知道。

父亲死后，我的职务任期一结束，我就在萨科镇定居下来，这个村庄离帕多瓦十英里，离威尼斯二十五英里，这是在我二十六岁那年年初。我遵照佛朗切斯科·博纳费德的建议，在帕多瓦当上了医生。他品格极为高尚，对我友好，自己从中没有得到任何好处，我甚至没有去听过他的公共讲座。

家乡各种祸害横行的时候，我继续待在萨科。1524 年，萨科爆发了一场可怕的瘟疫，行政长官两次换人。1526 年和 1527 年，庄稼几乎完全歉收，这样签约征收的粮食用钱就赎不回来了。税收让人承受不住。1528 年，我们又受到疾病和瘟疫的困扰，不过问题不是太严重，因为这里已经遭到广泛踩躏了。

1529 年，我回到家乡，战争的喧闹声已经有所减弱。我在这里遭到医生协会 ① 的拒绝，与伯爵巴尔比亚尼的官司也没有任何进展。我母亲情绪极为低落，我又回到自己的萨科小镇，健康状况还不如我离开的时候。由于疾病、高强度的工作和焦虑，很快又加上咳嗽、体重减轻和脓胸，还伴随着可恶的排泄，我简直到了不敢奢望康复的地步。最后，我凭着向圣母起誓而治好了病，到三十一岁那年年底时，我娶了萨科的露西亚·班达里尼。

---

① 即米兰医生协会。†

　　另外，我发现有四件事一直延续到今天。我在望月之前承担的任务最后都能完成，虽然我的行为并不总是预先策划好的。还有，在其他人放弃幸福的希望时，我反而产生了希望。而且，我在其他地方说过，时运常常在抛弃我的边缘时站在我一边。最后，我直到六十岁那年，几乎所有的旅行都是在 2 月启程。

　　我妻子在第二次流产之后，给我生了两个儿子，两个儿子之间还生了个女儿。

　　到第二年 4 月底，我搬到加拉拉泰，在这里住了十九个月，在此期间恢复了健康。我不再穷下去了，我已经一无所有了。最后，在米兰，承蒙了不起的救济院①行政长官的好意，还有当时有成就的演说家、杰出人物②菲利波·阿钦托从中帮忙，我开始公开举行数学讲座。这时我大约三十四岁。两年以后，有人邀请我到帕维亚教授医学，这一邀请我没有接受，我觉得得到报酬的希望不大。

　　1536 年，我去了皮亚琴察，是高级教士阿钦托③写信召我去觐见教皇的，当时阿钦托还没有成为神职人员。我跑这一趟毫无结果。另外，法兰西总督还极力替我求情，我后来听说这是贵族路易·比拉格的建议，路易·比拉格是法兰西国王在意大利的步兵统帅。总督布里萨克④以喜欢豪侠行为和文学而著称，就给予很多有诱惑力的好处，但没有任何结果。

---

① 贫民院，向无家可归的陌生人敞开大门的机构，很多社区出于宗教动机而开办，以遵从《马太福音》（25：34–40）的教诲。†
② 杰出人物（vir illustris），指当时议事会里等级最高的成员。‡
③ 菲利波·阿钦托，卡尔达诺的第一个资助人，一个出身高贵的年轻人，富有而又聪明，是卡尔达诺终生的朋友，后来成为米兰主教。†
④ 布里萨克，法兰西国王手下的高级军官。几年以后，他给卡尔达诺开价年薪一千克朗，表面上是让卡尔达诺当他的医生，但实际上是看中了这位医生的数学才能。布里萨克虽然是个豪侠，但有品位、有学识，很快就开始赏识卡尔达诺的才华。洛多维科（路易）·比拉格是法兰西国王在意大利的武装部队总司令。†

1537 年，我再次向米兰医生协会提出申请，又遭到断然拒绝。不过在 1539 年，我被接受了，出乎所有人的预料。很多人不再反对，两位好朋友斯福隆德拉托和佛朗切斯科·克罗切①拉了我一把。

于是，从 1543 年起，我开始在米兰讲授医学。下一年，也就是我房子倒塌那一年，我在帕维亚任教，不过我讲课几乎没有人听。由于薪俸迟迟发不下来，1544 年我就不再讲课了。我和长子住在米兰，他那时快满十一岁了，我女儿九岁，奥尔多才两岁。

大约在这个时候，枢机主教莫罗内②——我提到他的名字是出于敬意——提出了没有理由可以拒绝的条件，那是在 1546 年夏天。我在前面说过，我天生具有预言才能，就对自己说："教皇③老糊涂了，简直就是快要倒塌的墙。我为啥要放弃有把握的事，偏要去做没有把握的事呢？"当然，我当时还没有认识到莫罗内的高尚品格，也不知道法尔内塞家的辉煌。

从 1542 年起，我就与迪斯顿亲王④建立了友好关系，他成了我的资助人，他愿意给予我的比我愿意接受的还要多得多。但 1546 年夏天过后，我又回去讲课了。

---

① 关于此人在卡尔达诺生涯中所起的作用，请参阅本书第四十章。†
② 卡尔达诺终生的朋友和资助人，学识渊博，当选为枢机主教，受到教皇的青睐，1546 年担任特伦托宗教会议主席，以其名字与这次会议联系在一起而闻名。†
③ 保罗三世，本名亚历山大·法尔内塞。担任枢机主教期间，在罗马开始建造豪华的法尔内塞宫。†
④ 阿方索·达瓦洛斯，慷慨的文学艺术资助人，著名的豪侠，花花公子，担任米兰总督时很得人心。卡尔达诺还提到他主办打猎聚会，卡尔达诺医生是客人之一。†

第二年，经安德烈·维萨里 [①] 提议，丹麦国王每年给我提供八百金克朗。安德烈·维萨里是个地位最高的人，也是我朋友。这个提议我并不急于接受——虽然他连生活费用都提供了——不仅是因为那个地方气候严寒，还因为丹麦人热衷于另一种礼拜方式 [②]。我觉得我在那里可能不太受欢迎，要不然就会迫使我放弃家乡和祖先所信奉的教义。

到我五十岁那年，帕维亚大学还没有支付薪俸，我就待在米兰。1552 年 2 月，我得到一次去苏格兰的机会 [③]。出发之前，我收到法兰西的五百金克朗，回来的时候收到一千二百金克朗。我去了三百一十一天，我要是留在苏格兰，得到的钱会多得多。

从 1553 年 1 月 1 日到 1559 年 10 月 1 日，我一直待在米兰。在此期间我甚至拒绝了一些更慷慨的诱惑，其中有一次是来自法兰西国王的。但我害怕得罪皇室，因为皇帝正与法兰西人交战 [④]。我回到米兰之后不久，又有人给我开价。这一次是曼托瓦公爵，

---

① 安德烈·维萨里，现代解剖学奠基人，比较解剖学和种族颅骨学先驱，1514 年出生于布鲁塞尔，在鲁汶学习古典文化，在科隆、巴黎、鲁汶和帕多瓦学习医学，他去帕多瓦是受到意大利北部的更新更自由的科学精神的吸引。他在鲁汶、威尼斯、帕多瓦、比萨、博洛尼亚讲授解剖学，1537 年至 1544 年间，在帕多瓦担任教授。1544 年，他被任命为查理五世的御医主管，查理五世死后，他到马德里担任菲利普二世的御医主管。经皇帝提议，他去耶路撒冷朝圣，以抵消解剖试验时的轻率之举。朝圣回来之后，他应邀到帕多瓦，再次担任解剖学教授，但 1564 年死在回家的路上，船只失事后衰竭而死。†

② 宗教改革后，丹麦人接受了路德宗，而卡尔达诺信奉的是天主教。‡

③ 去给约翰·汉密尔顿医治哮喘。约翰是圣安德鲁斯大主教，苏格兰摄政詹姆斯·汉密尔顿的兄弟。†

④ 当时法兰西国王亨利二世和皇帝查理五世正在交战，而卡尔达诺是皇帝的臣民。†

由他叔叔费兰多阁下牵线。苏格兰女王 [①] 也以优厚的待遇邀请我，但那里太远，不好敲定。我治过她同母异父的兄长，其身体状况有望好转。我治好他以后，我的医术和名声感化了她。

1559 年，我回到帕维亚之后不久，我儿子出事死了 [②]。从此以后我苟且偷生，直到 1562 年这一年，我被召到博洛尼亚 [③]，到这里以后一直工作到 1570 年，没有间断。

1570 年 10 月 6 日，我遭到监禁 [④]。我在这里虽然失去了自由，但受到礼遇。1570 年 12 月 22 日，就在我入狱的同一天、同一个时辰——我记得是个星期五——大约傍晚时分，我回到家里。但这个地方对我来说仍然是监狱。监禁的第一个期限是七十七天 [⑤]，加上在家里的八十六天，一共是一百六十二天。

1571 年，我住在博洛尼亚，直到年满七十岁，也就是 9 月底。我从这里去了罗马，那天是 1571 年 10 月 7 日，战胜土耳其的节庆日 [⑥]。

现在，准确地说，从我到罗马算起有四年了，从入监算起有五年了。我过着一介平民的日子，除了 9 月 13 日受到罗马枢机主教团接待之外。在生活津贴方面，教皇 [⑦] 是我的资助人。

---

① Queen of Scotland，英译注认为卡尔达诺可能是指玛丽·吉斯。但这个注有误。从时间上推算，应该是指苏格兰女王玛丽·斯图亚特，也就是玛丽·吉斯的女儿，玛丽·吉斯应该是太后，不是 "Queen"。另外，玛丽·吉斯与第一个丈夫奥尔良公爵生有一个儿子弗朗索瓦，应该就是下文所说的玛丽·斯图亚特的"同母异父的兄长"，而玛丽·吉斯的父母都没有再婚，所以她既没有同母异父的兄长，也没有同父异母的兄长，这样就与下文所说的情况不相符。‡
② 卡尔达诺的儿子詹巴蒂斯塔因谋杀罪而被处决。†
③ 担任博洛尼亚大学医学院教师，这所大学据说是欧洲最古老的大学。†
④ 卡尔达诺没有告诉我们到底为什么遭到监禁，但可能是有人指控他不虔敬。他交出保释金一千八百金克朗，保证自我监禁。†
⑤ 计算错误，应该是七十六天。†
⑥ 1571 年 10 月 7 日，奥地利的约翰阁下在勒班陀消灭了土耳其舰队。†
⑦ 指格里高利十三世。†

第五章

身材与相貌

我身材中等，脚短，前脚掌宽，脚后跟太高，所以很难找到合脚的鞋穿，通常需要专门定做。我的胸腔有点窄，胳膊细。右手长得厚实，指头在上面悬垂着，看手相的说我是个粗人，知道真相以后会感到不好意思。我手掌上的生命线短，而所谓的农神线又长又深。我左手与此相反，漂亮且指头长，越往指头肚越细，指甲晶亮，形状很好看。

脖子有点长，偏瘦，下巴上有道沟痕①，下嘴唇完全下垂，眼睛很小，像是半闭着似的，除非是盯着一样东西……这就是我的相貌②。我左眼眉上方有一个疹块或肉赘，像个小扁豆，但几乎看不出来。宽宽的前额两侧与太阳穴连接的地方光秃秃的。头发和

---

① 医学上称为"颏裂"，俗称"屁股下巴"。‡
② 卡尔达诺有两幅著名画像。一幅在斯庞刊印的 1663 年版《作品大全》里，正对着标题页，看上去是个讨人喜爱的人，面容安详，与卡尔达诺自己的描述相当吻合，是他六十八岁那年绘制的。另一幅是木刻，在莫利的《吉罗拉莫·卡尔达诺传》的标题页上，看上去更年轻，略带愁容。制作这幅画时，卡尔达诺是三十八岁，由于其学识不受重视而心怀怨恨。以圆形装饰四周的是铭文："In Patria Nemo Propheta Acceptus." 意思是"没有一个先知在自己国家被接受"。最初印在他的《实用算术》一书前面。†

胡须呈亚麻色，通常剪得很短。胡须和下巴一样，也是分隔开的，下巴下面的胡须总是又密又长，好像长得更旺似的。上了年纪以后胡须也变了，但头发变化不大。

嗓子太尖，遭到一些人指责，这些人自称是我的朋友，因为我声调又高又刺耳。但我讲课时，离得稍远一些根本听不见。我说话一点也不柔和，而且话多。

我老是目不转睛，像是沉思似的。面色呈多种颜色，从白到红都有。瓜子脸，不太胖，头后面稍窄，圆乎乎的，形象真是再普通不过了。好几个画家大老远跑来给我画像时，发现找不到特征，不好辨别我。喉咙下部有一个肿块，像个硬球似的，一点也不明显，这是母亲遗传下来的。

第六章

健康状况

我的身体状况在很多方面都弱，天生的体质弱，几次患病，显示出虚弱的症状。

我的头受到体内渗出物的折磨，有时候是从胃里渗出来的，有时候是从胸腔里渗出来的，即便是在我自认为健康状况最好的时候，也会咳嗽、声音嘶哑。从胃里渗出东西的时候，就容易患上痢疾和厌食。我不止一次认为这是中了一点毒，但很快就突然康复了。

另一个麻烦是牙齿发炎流脓，结果我开始掉牙，一次掉下来好几颗，从1563年开始。在此之前，我只掉了一两颗。现在我有十四颗好牙，还有一颗不太牢固，但我认为还能再撑很长时间，现在还能用。

另外，我还消化不良，胃功能一点也不强。从七十二岁那年起，我只要吃得多一点，或是喝得太多，或是在两餐之间吃了东西，或是吃了任何不太有益于健康的东西，就开始感觉不舒服。对这些症状的治疗办法，我在专著《论保护健康》第二卷里有详细论述。

　　我年轻时患有先天性心悸，用医术彻底治好了。我还有痔疮、痛风，后来也差不多全好了。没有病的时候，我宁可让病再犯一次，有这一想法的时候比有病时想治好病的时候还要多。

　　我还有个毛病是疝气，早期阶段我忽视了。从六十二岁那年开始，我非常后悔没有治疗，尤其是因为我知道这是我父亲遗传的。就这个疝气来说，出现了一种值得注意的情况：疝气从两侧开始，虽然左侧的被忽视，但最终还是完全自愈了。右侧的用结扎线和其他手段更仔细地治疗过，但越来越严重。皮肤经常痒得难受，有时候在这个位置，有时候在那个位置。

　　1536 年，让人难以置信的是我开始大量排尿。这一毛病虽然折磨了我将近四十年，一天排尿六十到一百盎司，但我还是活得好好的。我体重既没有减轻，佩戴同样的戒指就是明证，也不是特别渴。那一年还有很多人患上类似的病，都没有治疗，但我比那些治疗过的人撑的时间长得多。

　　第十种疾病是每年都有一段时间失眠，持续八天左右。这种病在春夏秋冬发作，这样每年都有将近一整月，不到一个月的情况很少，有时候也会有两个月。治疗这种病，我通常都是忌一些食物，尤其是难消化的食物，但饭量不减。这一失眠症没有一年不发作。

　　我这辈子有过几次实际病例。我出生后的第二个月染上了瘟疫。第二次大病出现在我十八岁那年[①]，或是那一年前后，我记不住准确日期了，只记得是在 8 月。我差不多三天没有吃饭，在城郊转来转去，穿过一个个花园。傍晚回到家里时，我假装在父亲的朋友阿格斯蒂诺·拉尼扎里奥家里吃过饭了。那整整三天到底喝了多少水，我不能如实说出来。最后一天，我睡不着觉，心脏

① 卡尔达诺遗漏了一场患了很长时间的病，那是在他八岁那年，吃了没有熟透的葡萄引起的。参见第四章。†

急速地跳动，发起了高烧。我好像躺在了阿斯科勒皮亚德斯 ① 的床上，不停地上下翻滚，以为自己夜里必死无疑。最后我睡着的时候，长在我右侧最上面那根假肋上的一个痛破裂了，一开始从里面流出一点黑水。幸运的是父亲给我开了一剂药，我每天服用四次，出了一身大汗，床湿透以后从床板上往地板上滴汗。

到了二十七岁那年，我患上间日疟。第四天我就神志昏迷，到第七天还是昏迷，但此后我开始康复。到四十四岁那年，我在帕维亚的时候痛风发作。五十五岁那年，我每天发烧，一连烧了四十天。1555 年 10 月 13 日，我排尿达一百二十盎司。1559 年，我回到帕维亚，患绞痛两天。

我患病时，症状各不一样。首先，我从七岁那年直到将近十二岁，常常夜里起来，迷迷糊糊地喊叫。我通常睡在母亲和姨妈中间，要不是她俩夹着我，我经常会从床上掉下来。同样，我的心脏常常剧烈跳动，但我用手一压，很快就会缓和下来。这是我呼吸的特点造成的。

十八岁以前，我要是顶着风外出，尤其是冷风，就会无法呼吸。而一旦意识到呼吸困难后屏住呼吸，很快就会恢复正常。在同一时期，从就寝到半夜，我的膝盖以下从来就没有暖和过。因此我母亲说我活不长，其他人也这么说。不过在有些夜晚，我一旦暖和起来，就热得浑身大汗淋漓，听说这件事的人简直难以置信。

我二十七岁时患上间日疟，在第七天发病。后来，我每天发烧，持续了四十天，那年我五十四岁。②

五十六岁那年的 11 月（某天），我喝了一小口虾蛄酒，导致

----

① 古代小亚细亚西北部王国比提尼亚人，二世纪时在罗马行医。他有一个疗法是把病人放进一个巨型摇篮里，由奴隶上下摇动。†
② 重复本章前面说过的话，细节略有差异。†

排尿困难，症状很严重。我先是禁食三十四个小时，后来又禁了二十个小时。我喝了几滴松树胶，把病治好了。

我有个习惯——这个习惯让很多人吃惊——患病时要是找不到其他理由，就说是痛风引起的，这点我在前面说过。出于这一原因，我时常让自己陷入痛苦，除非是尽可能避开失眠，因为我认为幸福在于剧痛后的缓解之中 ①。所以，我要是有了痛苦，很容易就会缓解。

我凭经验发现，我身体没有疼痛的时间不会太长，一旦出现这种情况，我就感到一种精神痛苦，其程度只有那么严重了。身体上的疼痛，或是身体疼痛的原因，只不过是小灾小难，一点也不丢脸。于是我想出一个办法：咬嘴唇、缠手指、掐左胳膊上软肌肉的皮，直到流出眼泪为止。在这种自我惩罚的保护下，我的日子过得并不丢人。

我生性恐高，即便是很广阔的地方也不行。要是听说哪个地方有疯狗，这个地方也会让我害怕。

有时候我受到一种悲壮情绪的折磨，简直想要自杀 ②。我觉得别人也有过这种情况，虽然他们在书里不说这事。

最后，我小时候，大约有两年时间有肿瘤征兆，左乳头上偶然出现了迹象。肿块呈红色，暗，硬，有侵蚀性。肿起来的血管像是要把这一迹象延续到我成年初期，这时前面提到的心悸取代了血管曲张。从肿瘤生长演变成血疱，里面全是血，皮肤瘙痒难忍。后来患病皮肤大面积自然脱落，这样就愈合了，与任何缓解的愿望相反，虽然我也用药祛除了一些病症。

_____

① 幸福就在于没有痛苦，也就是西塞罗所说的"无痛苦"。†
② 也许是悲观厌世！†

第七章

运动与健身

　　我从很小的时候起，就开始认真练习各种剑术，后来由于持续不断地训练，我甚至跻身于最勇敢者之列。我通常只练剑，或是练习各种不同大小与形状的盾——长方形的、圆形的、大的、小的。我还学会了使用短剑、匕首、投枪、长矛。身为小伙子，我身上背着剑，披着时髦的斗篷，常常跨上一匹木马。

　　我还学会一样本领，就是抢夺拔出鞘的短剑，我自己不带武器，从拿着武器的人手里夺过来。我训练自己跑跳，在这两项上我比较强。我两条胳膊太细，不能做需要运用大量肌肉的运动——骑马、游泳、使用火器之类，并且我也没有多大信心。我甚至害怕开枪，好像开枪是天主发怒似的。我生性胆小，就假装勇敢来练习胆量，为此我还报名参加了一个应急连队。

　　夜里，我甚至违抗公爵的命令，带着武器在我居住的城里四处走动。白天，我外出时穿着用铅加固的便鞋，它重约八磅。夜里，我戴一顶黑羊毛风帽蒙住面，穿一双羊皮鞋。有很多天，我全副武装，从半晌午步行锻炼到晚上，还经常在夜里四处走动，一直走到天亮，用乐器演奏一轮小夜曲之后，汗从身上滴下来。

　　我以医学博士身份出诊的时候，骑着马或是骡子，步行的时候甚至更多一些。

　　从晚饭时起，我习惯穿轻便一些的衣服，但一骑马就穿得更厚重了。

第八章

生活方式

　　我习惯在床上躺十个小时。要是没有病且身上有劲就睡八个小时。有病的时候，我只能睡四五个小时。我在天亮以后的第二个小时起床。一旦失眠，我就起来绕着床走动，数到一千。我还节食，饭量减少一半以上。这个时候我就服用一点药物，另外还用一点白杨软膏、熊油或睡莲油。我用这些药涂抹在十七个地方：两条大腿、两个脚掌、颈部、两肘、两个腕关节、两个太阳穴、咽喉、心脏、肝脏，最后是上嘴唇。尤其让我难受的是一大早失眠。

　　早饭总是比晚饭更容易消化。五十岁以后，早上我吃肉汤泡面包就行了，甚至一开始吃面包喝水就可以，再吃点叫作齐比波斯的克里特大葡萄或红葡萄干。早餐后我的菜肴花样更多，中午想吃一个蛋黄和两盎司面包，或两盎司多一点，再喝一小口甜葡萄酒，或一点也不喝。如果赶上星期五或星期六，我吃一小块肉、面包和海扇汤或蟹汤。

　　我认为啥都没有结实的小牛肉好，用屠刀背拍得软软的，然后放在锅里烘，除了肉汁之外不加任何汤。这道菜我非常喜欢，它有自己吸收肉汁的方法，没有比肉汁更好的了。所以，这样做的肉比在叉上烤的肉汁更多，油水也大得多。

晚饭我要一盘甜菜，一点大米，一盘莴笋色拉。不过我更喜欢宽叶带刺的苦苣菜，或是白莴笋根。我吃鱼比吃肉更放得开，但只吃有益于健康的鲜鱼。我喜欢结实的肉，喜欢小牛或野猪的烤胸脯肉，用快刀切细。在火炉旁吃肉我感觉很好。吃这一餐时，我还喜欢喝新鲜的甜葡萄酒，大约六盎司，再加上两倍甚至更多的水。我觉得小家禽和鸽子的翅、肝、内脏杂碎特别好吃。

我特别喜欢河蟹，因为我母亲怀我的时候吃了很多河蟹。同样，我也喜欢海扇和牡蛎。我更喜欢鱼而不是肉，吃鱼比吃肉给我带来的好处要多得多：鳎鱼、大菱鲆、比目鱼、白杨鱼、陆龟、白鲑、胭脂鱼、斜齿鳊、海鲤、无须鳕、石斑鱼、狼鱼、方头鱼、河鳟等。

淡水鱼之中，我比较喜欢狗鱼、鲤鱼、鲈鱼和两个品种的重牙鲷。我还喜欢泥鳅、角鲨[①]、金枪鱼、鲱鱼，鲱鱼要新鲜的，用盐腌，最好是晒干的。令人惊讶的是，我把海扇当成一种非常可口的菜肴，不喜欢美味的海鳗和贻贝，好像它们是毒药似的，就像不喜欢蜗牛一样，除非洗得非常干净。淡水蟹和其他甲壳类动物我也喜欢。海蟹太坚硬，鳝鱼和蛙我觉得太令人作呕，真菌也是一样。

我很喜欢蜂蜜，喜欢蔗糖、葡萄干、熟葡萄、甜瓜——了解到其药物特性以后——无花果、樱桃、桃子、果子露等。这些东西没有给我带来一点痛苦，即便是在我这把年纪。最重要的是，我发现橄榄油里放上盐和熟橄榄以后特别香。大蒜对我很有好处，苦芸香好像总是有特殊性能，我小时候以及后来长大以后，这两

---

① 指魔鬼鱼，否则无法确认。†

样东西都保护了我的健康，另外还可以用来解百毒。我通过试验发现，苦艾对身体有好处。

我从来没有过度放纵性欲，没有因为在这方面放纵而受到伤害，不过现在明显导致腹肌发达。

小型鱼类的白肉，如果鲜嫩而且是在烤架上烤熟的，我很喜欢，而且对身体有好处。上好的羊奶酪我也并非看不上眼。在所有食品中，我最喜欢三磅到七磅重的鲤鱼，但肉质一定是最好的。大鱼要去除头和内脏，小鱼要去除脊椎和尾巴。鱼头总是在水里煮。如果是大一些的鱼，剩余部位要么放在油里炸，要么放在烤架上烤。小鱼可以炸嫩一点，或不要煮得太狠。

至于动物肉，白肉更好一些。心脏、肝脏、肾脏比肺更难嚼，肺嫩一些，不过肺的下部没有多少营养。有些动物的红肉嫩，除了心脏之外，而白肉一般般，除了睾丸之外，睾丸嫩。带蓝色的部位不太容易消化。

物体有七个主要的属：空气、睡眠、锻炼、食物、饮料、药物、防腐剂。

有十五个物种：空气、睡眠、锻炼、面包、肉、奶、蛋、鱼、油、盐、水、无花果、苦芸香、葡萄、味道冲的洋葱。

需要准备的东西也有十五种：火、灰、洗涤液、水、炖锅、煎锅、烤肉叉、烤架、杵、刀片、刀背、擦菜板、芹菜、迷迭香、月桂树叶。

锻炼方式有转动水车轮、散步、骑马、打球①、赶马车、击剑、

---

① 卡尔达诺可能是指当时意大利的一种游戏。他在谈到盖伦所说的"热衷于一切事物"时，让人想起盖伦的《论打球作为一项运动》，是对真正的锻炼原则的妙论。他在这部专著里说，最好的锻炼方式是把身体运动和心理反应结合起来，比如说打猎和打球。但打球与打猎相比有一个优点：花钱少，最穷的人也能玩得起，甚至最忙的人也有时间玩。它能锻炼身体各个部位——腿、手、眼力，同时也给精神带来愉悦……卡尔达诺肯定记得这部专著。†

乘车、马鞍、航行、磨盘子①、按摩、游泳——十五种②！我把所有锻炼方式归纳为一个体系，就像处理神学问题那样，用深思熟虑和绝妙的推理③。没有这一绝妙的推理，有些实际上是再清楚不过的事情，你还可能不太明白！

有五种食品，除了老人之外，所有人都可以用适当的方式品尝：面包、鱼、奶酪、葡萄酒、水。两种药是乳香、芫荽，都要加很多糖。两种调料是藏红花粉、盐，盐也是一种基本要素。有四样东西用量要适度，它们都是营养非常丰富的食物：肉、蛋黄、红葡萄干、油。油是一种未知要素，一旦遇到火，就和星星的性质相似。

---

① 说磨盘子是一种锻炼方式，不清楚卡尔达诺是什么意思。†
② 卡尔达诺如此热衷于这个"十五"分类法，竟然忘了计数！†
③ 亨利·莫利在其《卡尔达诺传》里说："吉罗拉莫自娱自乐，用戏谑的手法描述饮食哲学，可以看作是对他自己更严肃的概括的讽刺。"这位老医生肯定是"在晚饭后写作，眼睛里闪着亮光"。†

第九章

对流芳千古的思考

我发誓要千古留名，一确定这个方向，我就制订了一个计划。我知道生命肯定有两种：一种是物质存在形式，为动植物所共有；一种是人特有的存在形式，那些渴望荣誉、积极进取的人。第一种生命形式，我知道大自然辜负了我，我的愿望没有实现。至于第二种，我知道我没有任何奢望的理由——既没有才智、势力或结实的身体，也没有体力、家庭或对工作的特殊热爱。我没有广博的拉丁语知识，没有朋友，也没有从父母那里继承任何东西，只有天生的不幸和鄙视。

几年以后，我在梦里得到启示，希望得到第二种生命形式——名望。我只是不太清楚如何得到，除了像是有奇迹帮助似的，让我学会了拉丁语。但实际上我健全的理性撤回了我对名誉的任何渴望，我发现再没有比这一希望更无聊的了，更不用说我那点决心了。

我说："你怎么写出有人看的东西呢？你知道有什么了不起的事实读者会在乎呢？要引起读者注意，你用什么方式来写作呢？或用什么措辞呢？写出来有人看吗？经年累月后积累了那么多作品，早期的书人们不屑于看了，被人忽略的就更不用说了，但愿这种情况不会发生吧。写出来的书连几年也不能撑吗？能撑多少年？一百年，一千年，一万年？举个例子出来，成千上万本书里有一本吗？

"万物终将化为乌有——有始者必有终——即便世界会重生，就像学究们所希望的那样，那十天以后是末日，或是亿万年以后是末日，又有什么区别呢？反正都消亡了，在永恒中都一样！

"与此同时，你还用希望来折磨自己吗？还用恐惧来让你苦恼吗？还会因为奋斗而筋疲力尽吗？无论还剩下多少幸福的人生，你都会失败——真是好主意啊！"

然而，恺撒、亚历山大、汉尼拔、西庇阿、库尔提乌斯、赫洛斯塔图斯[①]这些人，不是把希望流芳百世置于万事之先吗？为此他们甚至冒着声名狼藉的危险，付出了痛苦的代价，连性命也丢掉了。

事实就是这样。虽然名声毫无意义，然而他们基本上实现了抱负。他们对哲人的思考不屑一顾，更不会接受，而是努力实现这一目标——出名。

话又说回来，有谁否认这是绝对愚蠢的行为呢？贺拉斯本人在《颂诗集》第三部第二十九首"托斯卡纳国王的子孙"[②]里所表达的看法，就认识到了这一点：

> 谁能把今天当成是自己的，
> 哪个无忧无虑的人敢说：

---

① 以弗所人，为了名垂千古，就放火烧了以弗所的戴安娜神庙，正好在亚历山大大帝出生的那天夜里，公元前356年。以弗所人通过一项法令，宣布把他的名字忘掉，这反而传扬了他的恶名，肯定达到了他的目的。†
② 这首诗的第一行。以下是第41–48行。†

今天我活过来了，明天天塌地陷又如何！

那这个人就是幸福的，就他一个人幸福。

无论好歹，无论阴晴，

我拥有的快乐是我自己的，不管命运如何。

就是天神对往昔也无能为力，

往者不可谏，我已得欢乐。

而且他还得出以下结论，也是以前的说法：Quod adest memento componere œquus。也就是说，"接受今天比安排明天更有好处"。

恺撒、汉尼拔、亚历山大有这一打算，为扬名立万而以生命为代价，同时也牺牲掉家庭，牺牲掉追随者，甚至牺牲掉自己的城市或国家，同时最充分地利用自己的地位。假如他们这样做之后出了名，要达到什么目的呢？苏拉摧毁了其前任辛辛苦苦建立起来的制度，甚至摧毁了在他之前所建立起来的一切，连最值得赞美的东西也不放过。他所有的继任者都把家庭和朋友给毁掉了。整个尤利乌斯家族都被康茂德给彻底清除了，当时这位君主处处作奸犯科，怀疑这个家族的任何一个婚生后裔。他也以同样方式毁掉了国家。现在罗马帝国在哪里呢？在德意志！足够荒唐奇怪了吧。

让显赫的尤利乌斯家族（埃涅阿斯的种族）存活下来，让罗马人成为世界的主人，不是比那些徒有其名的假面具和模拟像式的人物好得多嘛！所以，如果灵魂不朽，虚名浮誉又有何用？如果灵魂会死，虚名浮誉对谁有用？如果整整一代人都死掉，所有这些荣誉不是都将终结吗？不是和地里的兔子一样死去吗？

所以，我受到爱出名的驱使而追逐名誉，就不令人感到惊讶了。而真正让人惊讶的是，我刚才考虑过的这些问题我都知道，在这种情况下我仍然追逐名誉。尽管如此，我仍然坚定不移地追求这一目标。我承认，恺撒等人有一种荒唐的意图。但我的愿望是出名，有那么多不利因素，路上有那么多障碍，这一愿望不是愚蠢，而是坚定不移。

但我从来没有渴望过赞美和荣誉，甚至与此相反，我看不起赞美和荣誉，只希望让人家知道我在世上走了一遭，至于人家认为我是个何许人物，我连问都不问 ①。

至于我的子孙后代，我知道这样追逐名誉充满了不确定性，知道结果很难预料。所以，我这辈子尽量过得好一些，怀着对将来的一线希望而鄙视现在。如果我要为现在的生活方式辩解，我就说我现在继续尽可能地活得更好。这一方针好像一点也不丢人，即便我追求名誉的希望会破灭，我这一抱负也是值得称赞的，因为渴望出名是人之常情。

① "将来有人知道有这么一个人就行了，对这个人是不是有更多了解就无所谓了，这是卡尔达诺一直追求的一个目标。"（托马斯·布朗爵士，《瓮葬》，5）†

第十章

我的人生之路

所以，我以前面提到的信条为指导，为自己确定了一条人生道路，不是一条我想走的路，而是一条我能走的路。我所选择的也许不是我应该选择的路，而是我认为比较好的路。在这方面，我的目标不是唯一或始终如一的，因为每一条路都有危险，都很艰难，远远谈不上完美。因此，一碰到机会，只要看起来有好处，我就做。这样一来，和别人一比较，我就被当成个投机取巧的人，甚至像我所说的那样，目标一点也不坚定。

那些没有明确的人生规划的人，必定会尝试多种方案，拐弯抹角地往前走。为了保持目标的连续性，我不允许这些东西挡住路：财富、安逸、荣誉、行政官员、权力，甚至这一抱负、兴衰、竞争对手、迫切需要、我自己的无知。我显然没有条件过上有目标的生活，连这一事实也不能挡住我的路。而且当时我掌握的占星术对我也不利，因为它似乎向我显示，我所有的熟人也都宣称，我活不过四十岁，肯定活不到四十五岁。

与此同时，一方面是出于需要，另一方面是受到享乐的诱惑，我继续每天都干坏事，甚至在我仔细考虑怎样才能最好地度过一生的时候。我忽略了自己最感兴趣的东西，产生了幻想，偏离了在兴趣方面征求意见的意向，实际上不止一次犯下错误。

最后到了这一步，就在我被认为生命就要终结的那一年快要到来的时候，迎来了我生命的开端——在我四十三岁那一年。在这个时候，在年龄、性情、对过去的忧虑、现在的机遇等因素的共同作用下，我放弃了寻欢作乐，重新做人。

我一开始在米兰教书，后来又断断续续在帕维亚教了很多年，都是在上午讲课。讲课结束之后，我到城墙外面的阴凉处散步，然后吃午饭，饭后欣赏一会儿音乐。下午我去钓鱼，在一个小树林附近，或在离城不远的一个树林里。在这里的时候，我还搞研究、写作。晚上回到家里。这段时间持续了六年，但可惜啊，如那位诗人所说，"阳光如此辉煌，如此明亮……"①

在此之后，我开始进入一段长期而又光彩的生涯。但没有了荣誉和收获，也没有了虚荣的展示与不合时宜的享乐！我把自己毁了！我完了！恰如俗话所说，麻烦与祸害不断增长，就像紫杉树的影子一样。一点安慰也没有了，除了毁灭这一条绝路。没有祝福，否则距离至福最远的暴君就会最有福了。就像瞪着眼发着疯往前冲的公牛肯定会把自己毁掉一样，我也出乎意料地很快就垮台了。就在事情一个接着一个发生时，大灾大难突然降临到我长子身上。

议事会的一些成员竟然承认，他们判罚我儿子是想让我死于悲伤，或是让我发疯，我认为他们并不想让人家知道这个想法。我是多么接近悲伤至死，多么接近发疯，只有诸神知道，这件事我到适当的时候再说。但他们的打算落空了。我希望读者知道——为此我要说句题外话——习俗是多么邪恶啊，时代的罪孽

---

① 古罗马诗人卡图卢斯，8，3。†

是多么深重啊！实际上这些人我一个也没有得罪过，连我的影子
也没有得罪过他们。我打算想尽一切办法为我儿子辩护，但谁能
战胜这些邪恶、心怀不满的议事会成员呢？

想起我儿子的绝望，我就感到震惊，面对迫在眉睫的危险
惊恐不已，之前发生的一切把我搞得筋疲力尽，以后要发生的
事情令我感到害怕。不过在这种情况下，我提出抗辩，提醒大
家注意议事会的高尚品德和公正，提到慈悲为怀的案例。我回
忆起公证员詹彼得罗·索拉里奥的怜悯之情，同时回忆起他的
做法，他在指控其私生子企图毒杀两个婚生姊妹，以便成为其
父亲财产的唯一继承人时，认为判这个儿子到桨帆船上去划桨①
就已经足够了。

奥古斯都在一次审讯时问道："最起码你没有杀你父亲吧？"
他因为这个问题而受到赞扬。儿子亲手杀死无辜而又年迈的父亲，
这是何等的残忍！如果判罚一个人到竞技场的时候，出于善心考
虑一下他父亲，那对他做出其他判罚的时候，不是更应该宽大为
怀吗？如果像清白无辜这样了不起的美德还会给人带来灾难，那
人类的良好品质还有什么用呢？

父亲因为儿子受罚而受到牵连，这不是比他自己毁掉还要糟
糕吗？如果有人把我杀死了，那就死了一个人——一个即将死亡
而没有另一个后代的人。如果你杀了我儿子，你就断绝了所有继
承的希望。想象一下，每一个人都为了儿子而向你求情，认为自
己应该对儿子负责，尽管儿子是个性子急躁的年轻人，与各种困
难抗争，丢尽了脸面，受到蒙骗而娶了个没有嫁妆的妻子，违背
父亲的意愿、在父亲不知情的情况下结了婚，娶了个毫不足取、
伤风败俗的女人——你会怎么办？每个人不都是这样求情的吗？

———————————

① 这是古代地中海一带惩罚罪犯的一种方式，划桨者十有八九会累死在船上。‡

又有谁不理解呢？如果一个人的死连地狱里铁石心肠的神灵也能打动，又有谁不愿意饶他一命呢？如果真有这么一个人不愿意饶他一命，这个人就是我的死敌，或是我儿子的死敌！

我虽然提出了这些以及与其类似的理由，但没有一点用处，除非法庭做出裁决——我要是能和控告我儿子的人达成协议，就能饶我儿子一命。但这是不可能的，我儿子做事太鲁莽了，他吹嘘我有钱，而实际上我没有钱，控告者则强行索要并没有的东西。

但这件事就到此为止！

我从少年时代起就打定主意，把关心人命当成自己的职责。学医似乎比学法律更明确地指向这一条道路，学医更容易让我达到我可能达到的这个目标，而且每一个时代的人都更加关注学医。我认为医学比法律更纯粹，更依赖理性和永恒的自然规律，而不是依赖人的看法。

所以，我接受了医学而不是法学，不仅慎重地拒绝了一些法律界朋友的提携，蔑视财富、权力和荣誉，而且还回避财富、权力和荣誉带来的影响。

我父亲听说我放弃了法学而改学哲学，对我和他的兴趣不一样而感到非常伤心，竟然当着我的面哭了起来。他认为法学是一种能让人更高贵的学科，在这一点上他一再引述亚里士多德的话，说这一职业更容易让人获得财富和影响力，更容易提高家庭地位。他知道，他在城里法律学校讲课的职务，还有他享受了多年的一百克朗酬金，不会像他希望的那样由我继承了，而是由另外一个人继承他担任的这一职务，计划由我来注释的他的评论再也不能出版了。在此之前不久，他有一线出名的希望，让他评论《坎特伯雷主教约翰对光学和透视法的注释》。为这一作品，甚至已经发表了下面这一对句：

卡尔达诺家族夸耀他的大名，

他的智慧超越当代所有的名人。

这倒是可以看作一种预言，说有人即将开始从事其终生的事业，而不是说我父亲本人。我认为，我父亲开业当律师干得极为出色。除了法律之外，他仅仅掌握了基础数学，根本就不习惯于创造性思维，也没有利用过希腊语资料。他出现这种状况主要是因为兴趣广泛，目标变来变去，不是因为没有天赋，也不是因为懒惰或判断失误，这些缺陷他一个也没有。然而，我的意志坚定不移，其原因我在前面已经说过了，再加上其他动机，父亲的劝告动摇不了我，尤其是因为我发现他业绩平平，尽管他基本上没有遭遇过挫折。

第十一章

实践智慧

有时候选择好的道路坚持走下去，即便这一选择并非深思熟虑，也比为了做出完美的选择而朝三暮四好，虽然激情会不停地导致冲动，或世事无常，促使你改变主意。所以，我一旦在一件最困难的事情上自己做出了决定，以便让智慧和我自己的爱好支配行动，这时我就认识到，不仅其他事情变得容易了，就连坚持自己的选择这件事也变得容易了。首先要考虑的就是行动的各种目的，这些不同目的让每一个人都去选择自己最喜爱的事情。有很多不同的职业，有很多可能性，有很多兴趣，有很多机会，所以谁也不能公正地指责我，除非他承认他比我还要更严格地按照我的计划和目标来生活，而这根本就不可能。

到目前为止，一切都还顺利。下一个问题是如何以最好、最合理的方法在选择的职业上取得成功，或者说什么是最有用的方法，在我看来，甚至在更重要的事情上也是这样。一旦找到目标，如何保持住，最后如何从达到的目的中得到正当的好处，这才是重要的。

我曾经在"实践智慧"（εύβονλία 或 φρόνησις）上证实过自己

的绵薄之力。如果这些字眼只是表示"实践智慧"（prudentia）的
意思，不过，好像和我们所说的"人的智慧"（humana prudentia）
是同一个意思，因为据我们所知，除了人之外，任何东西都不
具备这样良好的判断力。神的本事更大——也就是说神有直觉，
其他生灵没有这个本事。"感知"（intuitum）与沉默并不是一个
意思，因为它有点"实践智慧"的意思，在性质上与"预知"
（foreknowledge）不一样。它对有些人是一个样，对其他人是另一
个样，人都是带着偏见来评判所有事物的。

    说实话，人的这种聪明才智我有，但非常少，就是这么一点，
也让我前面提到的习惯给糟蹋了。

第十二章

辩论与授课

身为授课者和辩手，我更认真、更准确而不是更审慎。在博洛尼亚大学的时候，我通常是即席授课。对于和我争辩的人来说，我这个习惯总是削弱他们的信心。

在帕维亚当着议事会的面公开举行，安排了与卡穆齐奥的三天辩论。第一天，在第一个命题上，我的对手哑口无言，甚至在场的所有对手也都这样认为。有人用文字把这件事刻到卡穆齐奥[①]的纪念碑上留作纪念："他们的辩论并不仅仅是辩驳论点，而是表现出一种似乎是无懈可击的力量，这实际上人人皆知。"

我相信人们至今还记得那场辩论。

我已经说过，布兰达是我老师[②]，他把我的能力归因于艺术和天赋。我的对手说我着魔了，而其他人猜测得更准确一些，说我有能力是由于在推理方面有优势、够成熟。在最近二十三年里，无论是在米兰、帕维亚、博洛尼亚，还是在法兰西、德意志，我从来都没有遇见过一个人能驳倒我。不过我并不因此而吹嘘自己

---

① 安德烈·卡穆齐奥，当时最杰出的医生之一。†
② 卡尔达诺在下文才提到布兰达，前面并没有提到。‡

有能力，我认为即便我是石头做的，也会发生同样的事。这是那些向我发出挑战的人思维不清晰的结果，既不是因为我自己的本性得天独厚，也不是因为我名气比别人大。乌贼能向海豚周围喷墨，迫使海豚逃走，但你不能因此就认为乌贼了不起，那只不过是因为乌贼生下来就有这个本事。

安吉洛·坎迪亚诺拿出了证据，我也回应了，在我希望他接着反驳时，他当着很多学者的面，大言不惭地说：“我说过我想拿出证据，并不是要回应你的论据。”

他是个非常博学的医生，在米兰公爵①和比利时的匈牙利王后②宫廷里担任过要职。另外，他在自己的专业领域里是权威，如果说有什么成果的话，那就是非常有钱。因此，当我承认自己没有经验、无知的时候，很多人都说，“我们知道你说的是假话，你有经验”，同时还说，“我们不大明白，所以问你为啥要用上‘没有经验’这个说法，尤其是这话是从一个多次宣称从不撒谎的人嘴里说出来的，让人感到奇怪。至于你不可企及的授课风格，我们可以这样说，当语法学家所说的最高级（the superlative）已经变得稀松平常的时候，原级（the positive）根本就不能再让我们产生钦佩之情。在座的各位并没有提议想看看如何论证，这并不重要。乌云遮住了太阳，这并不证明太阳就不存在了。你房间里面点亮了那么多盏学术之灯，而房间外面的人却拒绝去看亮光，对此你不必介意。另外，这么高的天赋可能一无所获，这也不必担心。

---

① 指佛朗切斯科·斯福尔扎二世，斯福尔扎家族最后一任公爵。†
② 指匈牙利的玛丽，皇帝查理五世的妹妹，荷兰总督，低地国家的统治者。应兄长之邀来到比利时，在布鲁塞尔统治二十四年多，才智超群，意志坚定。†

不管加拉曼特人 ① 如何咒骂太阳，鲜花仍然喜欢让太阳升起。神意不仅君临万物，而且也永远闪耀着智慧的光芒"。

另外，我不仅在轻松授课方面一直都是出类拔萃，而且还教别人如何授课。在这些方面我虽然看上去很优秀，但我讲话时既没有优雅的风度，也没有做聪明结论的才能。结果是你虽然在一个方面认为我天赋很高，在另一方面你会认为我没有天赋。

最后，在辩论方面我敏捷异常，所有人都对我高超的技巧感到惊讶，都避免向我发出挑战。结果，我有很长时间没有了辩论的负担，但随后我的对手就出乎意料地在两个场合见证了我的技巧。

第一个场合是在帕维亚。我以前的哲学老师布兰达·波罗阻止了一次非正式辩论的进程，当时我正和卡穆齐奥辩论哲学问题。我在前面说过，他们经常把我拉扯进哲学领域，认为在医学领域和我辩论，他们再也没有获胜的希望。布兰达引述亚里士多德作为权威，引用过之后，我说："当心，'album' 后面有个 'non'，你漏掉了，这与你的论证相矛盾。"布兰达大声叫道："你这是开玩笑！"

我嗓子里经常积痰，清了嗓子之后，很有礼貌地坚持我的反对立场。最后他完全被激怒了，就叫人把亚里士多德的抄本拿来，经我请求，让人把抄本放到我手里。我就照着书上写的读，但他怀疑我窜改了原文，就一把从我手里把书夺走，并喊叫着说我想欺骗听众，然后他自己读了起来。他读到那个有争议的词时，读了一遍就住口了。在场的所有人都惊呆了，瞪大眼睛盯着我。

① 希罗多德在第四卷第 183 段描写了加拉曼特国，但说的不是他们，而是在第 184 段说的阿塔兰蒂斯人，这些人 "住在离加拉曼特人有十天路程的地方"。他说："这些人（也就是阿塔兰蒂斯人）在天气异常炎热的时候，就最为恶毒地咒骂太阳，因为炎热的阳光给其人民和土地造成了伤害。"†

正好这些天布兰达也去了米兰。有人把整个事情的经过写下来呈交给米兰议事会,议事会成员问这件事是否属实。布兰达本是个真诚的人,他说:"当然是真的,再真实不过了,我相信当时自己喝醉了。"议事会成员们笑了笑,一句话也没有说。

我第二次受到挑战是在博洛尼亚,挑战者是弗拉坎齐亚诺,他是位行医的教授。他参与讨论胆汁流到胃里的问题,当着全校师生的面引述一个希腊权威的话,当时正在进行一项人体解剖。我说,他在引语里把"oὐ"漏掉了。我平静地为自己的纠正辩护时,实际上不是他,而是学生们大喊大叫,让人把原著拿过来。弗拉坎齐亚诺欣然同意,马上就叫人把原著拿了过来。他读了起来,发现和我说的一样,一字也不差。他一声不吭地惊呆了,并且充满了钦佩之意。学生们简直是强行把我拉到地方,比刚才还要感到惊讶。

从那以后,这位教授竟然在任何场合都不和我照面,甚至提醒仆人一看见我过来就向他示意,免得让他在大街上碰见我。有一次,他正忙着上解剖课,学生们想开个玩笑,就把我请到他面前,吓得他手忙脚乱,一脚踩住了斗篷,一头栽倒在地上。所有目击者都对他的举动迷惑不解,不久以后他就辞去了教授职务,当时他已经一大把年纪了。

第十三章

习惯、缺点与错误

　　这一类事最难写，这是由其特点决定的。尤其是我考虑到，那些习惯于读作家自传的人，不习惯看到我这样坦率的描述，而我这样写是为了出版，这就更难写了。

　　有些人写作是因为他们认为应该写，比如说安东尼①。其他人确实写得很真实，但把自己所有的缺点都仔细掩盖起来了，比如说约瑟夫斯②。但我喜欢真相，虽然我很清楚，违背习俗的人不能和犯其他错误一样找同样的借口。然而谁来约束我呢？耶稣治好了十个麻风病人，只有一个回来向主表示感谢③，我就不能像那个麻风病人那样吗？

　　凭借这一推理，医生和占星家在我们与生俱来的品质中找到了道德本性的根源，找到了我们在教育、兴趣和谈话中自愿行为的根源。这些根源在每一个人身上都有，尤其是适应人生的特定

---

① 指罗马皇帝马可·奥勒留，他是《沉思录》的作者。‡
② 卡尔达诺在前文提到过他，一世纪时的犹太历史学家，著有《犹太战记》《自传》等作品。‡
③ 出自《圣经·路加福音》，17：11—19。‡

阶段，不过有所变化，甚至在相似的例子上也有变化。所以就有必要做出选择，从所有这些影响力中仔细挑选出一种准则，借此我们可以得到领悟力。对于我本人来说，据我判断，著名的"认识你自己"①似乎是最好的指南。

我的性格我一直都很清楚：脾气暴躁，坦率，热衷于富有激情的娱乐。这一根源又生发出怨恨、爱争执、不拘礼节、盲目判断、愤怒、报复欲强，刚愎自用就不用说了。很多人谴责的，至少是嘴上谴责的，却是我乐意做的事。"复仇给我带来的快乐超过生命本身。"总的来看，我还没有偏离正直，虽然大家都说"人性倾向于邪恶"。

不过我是个真诚的人，记着别人给予的好处，喜爱家人，热爱公正，也不看重钱财。关心自己的声誉，也希望能流芳百世，这让我看不起平庸，鸡毛蒜皮之类就更不用说了。不过我知道，小事从一开始就能对任何事情造成重大影响，所以我在任何情况下都不敢掉以轻心。除了没有野心，我生性容易做各种坏事。我和别人一样，知道自己的缺点。

在其他方面，我崇敬天主，清楚地知道所有这一切都毫无意义，就故意放弃很多现成的复仇机会。我缺乏勇气，内心冷静，也热衷没完没了地沉思冥想。我对很多想法思来想去，包括对很重要的想法，甚至想一些绝对不会发生的事情。我脑子里能让两个不同的思路同时进行。

有人对我受到的赞扬进行诽谤，暗示我吹牛皮夸夸其谈，这都是把别人的缺点安到我身上，根本就不是我的错。我对此感到愤怒，就为自己辩护，但我一个人也不攻击。我多次证明人生毫无意义，那我为什么又费尽心机地反省自己呢？我的理由是有些

---

① 希腊七贤之一泰勒斯的名言。†

人的赞扬，这些人认为，一个大名鼎鼎的人没有缺点。

我总是习惯于用一个和我的感受完全相反的词句，这样我可以在表面上伪装，而在内心里却毫不掩饰。和什么都不指望的习惯相比，养成这一习惯并不费力。十五年来，我一直致力于养成这一习惯，最后取得了成功。而现在我学着装模作样，有时候穿着破衣服外出，但通常穿着还是很漂亮的。我有时候寡言，有时候健谈，有时候愉快，有时候悲伤。有了这样的情绪，一切事物都有了两面性。

我年轻时花钱很少，偶尔打扮一下头，心思都用在了我更感兴趣的事情上。我的动作不规律，一会儿快一会儿慢。在家里走动的时候，我的腿一直露到脚脖子。

我缺乏恭敬，管不住嘴巴，脾气急躁得要命，经常因此而感到羞愧，很不好意思。我虽然忏悔过，但还是因为有错而受过重罚，我在其他地方提到过。即使如此，我还是为萨丹纳帕路斯式的放荡生活而赎了罪，那一年我在帕多瓦大学当院长，过的就是这种生活。

然而，明智而又耐心地承担错误并改正错误，就是耻辱中的赞美，就是罪过中的美德。我这样的自夸必须得到原谅，然而即便我想默默地忽略天主赋予我的才能，我也应该算是一个忘恩负义的人，我抱怨遭受的损失，但不承认我当时所过的生活。

另外，坦率是一条更简单的路线，因为我的私事别人并不看重，别人都是看重自己感兴趣的事——空虚无聊的事，比如说日落之后看到的大片云朵，一点意义也没有，眨眼光景就消失了。对于这类行为，如果有人想做出公正的评价，想一想让步是多么容易，他就会明白我这样做时的心情是什么，是什么迫使我去做的，就会明白我年轻时做的那些事让我多么痛苦。

有些人犯了错误而心安理得，而且这些错误比我年轻时犯的要严重得多，他们不但不会公开认错，就是在私下里也一声不吭，这是事实。这些人不在乎别人给予的好处，完全忘记了别人帮过他们忙。也许这些人在评价我的时候会更宽容一些。

继续往下讲吧。在我的缺点中，我认为有一个是独特的、突出的——喜欢说些别人听着不入耳的话，我知道别人不喜欢听却偏要说，这个习惯我一直都有。我知道这个毛病，却一直不愿改正，这样树敌多少，我绝对不是不知道。我们的本性被长期养成的习惯牢牢地束缚住了！然而我在恩人面前、在上司面前却没有这个习惯。对于这些人，不讨好就行了，至少不奉承。

在我清楚地知道如何做最有利、应该如何做的时候，过起日子来就没有什么节制了。如此顽固地坚持这类错误的人，恐怕再也找不到第二个了。

我尽可能独处，虽然我知道这种生活方式曾遭到亚里士多德的谴责。他说："孤独的人具有野兽或诸神的性格。"（Homo solitarius aut bestia aut deus.）但我为此提供了一个借口 ①。

我还干了一件同样愚蠢的事，给我造成的损失也不小，也就是我收容了一些动物，这些动物我知道一点用也没有，甚至会成为丢人的祸根。我成为各种小动物的主人，这些动物都依恋我：小山羊、小羊羔、野兔、家兔及鹳等。这些动物把整个家弄得乱七八糟。我有些朋友穷困，尤其是忠实的朋友，这给我增添了麻烦。

我犯了很多错误，实际上是无数错误，只要是我想和伙伴们交往。无论他们是什么人，无论是大人物还是小人物，合时宜还

① 卡尔达诺像很多人文主义者及其门徒一样，主要是借助于拉丁语翻译来了解希腊文献的。他是否读过亚里士多德的原著，这是值得怀疑的，尽管他透彻地研究过亚里士多德。他用拉丁语引述亚里士多德的话，不用希腊语引述，似乎证实了这一事实。在第五十三章，他讲述了自己为什么喜欢孤独。†

是不合时宜，这些我都知道。我甚至伤害了那些本打算夸奖我的人，其中有艾马尔·兰科奈特[1]，他是巴黎最高法院院长，一位最爱学问的法兰西人。这一次我犯错误几乎不可避免，不仅是因为考虑欠妥，不懂外国的风俗习惯，还因为我没有充分重视某些习俗，这些习俗我是很久以后才知道的，然而有教养的人大部分都知道。

在考虑问题上我太轻率，所以常常草率地做出决定。无论是办什么事，我都没有耐心等待。我的对手发现，如果我有时间思考，就不会轻易上当，他们就尽力催我快一点。他们的心思我看得很清楚，我时刻防范着竞争对手，以为我能理所当然地把他们当敌人看待。但如果我不习惯于做事永不后悔，这些事是我自愿承担的，甚至是结果很糟糕的事，我就会非常痛苦。

当然，我大部分痛苦都是两个儿子的愚蠢行为造成的，这和具体的丢人的事有关，和我亲属的愚蠢行为有关，也和他们之间的猜忌有关，这是我们家特有的恶习。实际上这个缺点很多群体都有！

我从年轻时就开始无节制地赌博，靠赌博认识了米兰贵族佛朗切斯科·斯福尔扎，在贵族中间结交了很多朋友。由于我多年热衷于赌博，差不多有四十年，很难说我的个人事务受到多大伤害，没有任何迹象可以显示出来。骰子原来坏得很，我儿子学会赌博之后，我们家经常是赌徒满座。对于玩这种游戏的习惯，我只能找到一个微不足道的借口——我小时候穷，冒险时有一股机灵劲儿，玩游戏有点窍门。

这是一种要命的弱点，但有些人不承认，还有人甚至无法容忍。他们高人一筹吗？或是更聪明吗？

---

[1]　卡尔达诺最喜爱的法兰西人。卡尔达诺说，仅仅是与兰科奈特建立友谊，他到法兰西走这一趟就值得。†

　　要是有人对地球上的国王们说："你们没有一个人不吃虱子、苍蝇、臭虫、蠕虫、跳蚤，甚至连仆人的屎都吃！"

　　说了这话又能如何？这虽然是实话，国王们又会以什么态度来听呢？这样沾沾自喜只不过是不了解实情，或是对实际存在的东西假装不知道，或是强行罔顾事实呢？我们生活中的罪孽，一切肮脏、无用、混乱、不真实的东西，实际上也是这样。朽树上结烂苹果！我所说的一点也不新鲜，只是一点大实话而已。

第十四章

美德和不屈不挠

人们虽然对很多问题都搞不清楚，但最容易出错的地方，是在意志坚定或不屈不挠这个概念上。

这一误解源于不屈不挠的本质，这一特征在一个人身上可以真正成为有天赋的证据，在另一个人身上则是心胸狭窄、没有脑子的特征。有人嘲笑第欧根尼[①]身上有这个特征，因为他头顶夏天的烈日在滚烫的沙漠里打滚，冬天光着身子拥抱冰柱。另一方面，威尼斯地方官布拉加迪诺经受这样的磨难却是优秀品德[②]，这样的磨难没有一个人愿意给予他人，连傲慢的征服者也不愿意，但经受这样的磨难足以让人永垂不朽，因为他被活剥了皮。如果说没有超出常人的意志就不能忍受这样的折磨，忍受着磨难的这一意

[①] 古希腊哲学家，其哲学人称"犬儒主义"。‡

[②] 马可·安东尼奥·布拉加迪诺（Marco Antonio Bragadino，1520—1571），威尼斯将领，土耳其人围攻塞浦路斯时担任塞浦路斯总督，打了一场艰苦卓绝的保卫战。最后粮食断绝，只剩下七桶火药，布拉加迪诺投降，但得到巴夏穆斯塔法的承诺，塞浦路斯人可继续享有自由。守卫部队和首领被送回威尼斯，但穆斯塔法不守信用，把布拉加迪诺带到君士坦丁堡，活剥了他的皮，把他的皮送到小亚细亚各个城市。这一非人道待遇被归咎于布拉加迪诺不愿意放弃天主教信仰。†

志肯定与追求千古流芳的努力并行不悖。

　　人可以在逆境中因泰然自若而出尽风头，也经常会在春风得意时有机会显示自己值得被钦佩。另外，即便有些人没有机会显示自己坚定不移的品格，也不应该因此而断定他们不坚定。我们时常以坚定不移的名义在很多方面犯错误，所以不应该认为忍受一点磨难就是在追求荣誉，就像不应该认为没有机会显示坚定不移就该受到谴责一样。在天意觉得应该放弃我们的时候，谁也不能认为我们应该受到谴责。

　　我也不会以某种程度上没有机会为理由而为自己辩护。没有一个人对我怀有仇恨，没有一个法官对我不公正，以至于不佩服我在逆境中的忍耐力、不佩服我在春风得意时的克制，从而去吹毛求疵，无论这一美德存在于我鄙视享乐诱惑的能力之中，还是存在于我忍受苦难的勇气之中。

　　我一生所经历的磨难之中，我可以列举出放纵、娱乐、疾病、性无能、对手对我的蔑视、毫不得体的争论、诉讼、攻击、权势者的威胁、一些人的怀疑、家庭的烦心事、很多计划失败，最后还有一些真朋友或假朋友的反对意见，还有很多非正统观点给我带来的危险等。

　　尽管如此，我无论交了什么好运，无论有多少好事伴随着我，我从来都没有改变过举止，没有变得更尖酸或更野心勃勃，也没有变得更不耐烦、更看不起穷人，也没有忘掉老朋友，在社交时也没有变得更无礼、更爱吹牛。好运气没有诱惑我穿更奢侈的服装，我觉得符合自己专业职务的要求就行了，除非是我一开始因为贫穷而不得不穿的过时衣服该换了。

　　不过在遭遇不幸时，我一点也不坚定，因为我被迫面对的痛苦让我无法忍受。对于这些紧迫情况，我用自己的办法来战胜天性。我在精神上受到最无法承受的悲痛折磨时，就用棍打大腿，或是迅速地使劲咬左胳膊。我经常节制饮食。能哭出来的时候我就哭一场，这样可以减轻很多痛苦，但通常哭不出来。

另外，我用理性来与悲痛对抗，说：

"没有任何新事发生[1]，我的运气快变了，已经匆匆地往前赶了。永远躲开悲痛就不可能了吗？如果我受骗几年，要是用永恒来衡量，那又占多少时间呢？我会遭受一点损失，如此而已，万一我来日无多的话。但如果分配给我的寿命延长，也许就有很多机会来减轻悲伤，永远战胜悲伤。但永远也没有出现悲伤又会怎样呢！这一强烈的悲痛我真的承受不住！"

不过我在下面将会谈到，我显然得到了一个奇迹给我的安慰[2]。

对于人生应尽的义务，我非常忠实地履行，尤其是在写书方面，即便是有最诱人的机会，我也没有放弃写书工作，而是一直坚持原来的计划[3]。我发现我父亲有见异思迁的习惯，这对他取得成功来说是个巨大的障碍。

我被任命到帕维亚信托学会[4]，其中有不少级别最高的君主和枢机主教，我由于胆怯而有些犹豫不决。但我既没有看不起给我的这个机会而拒不加入，也没有找借口逃避履行职责，所以我认为没有任何人会批评我。当然，这些大人物盛装觐见国王时，我

---

[1] 源于："已有的事，后必再有；已行的事，后必再行。日光之下，并无新事。"（《圣经·传道书》，1：9）‡

[2] 卡尔达诺在这里以及下面断断续续提到的悲痛，显然是指他的长子詹巴蒂斯塔被处决后他的极度绝望。这一痛苦让他发疯，从此以后他再也无法克制自己，他在撰写的一切作品里，差不多都要疯狂表达这一悲伤。绿宝石的奇迹在本书第四十三章有详细描述。†

[3] 卡尔达诺烧毁了很多书和专著。根据他自传的说法，他留下了一百三十八部刊印出来的书，还有九十二部手稿。†

[4] 帕维亚信托学会（Accademia degli Affidati），1562年成立于帕维亚，之后不久就闻名于整个意大利，几年之内其成员就包括最高级别的枢机主教、欧洲的一些君主和国王，还有皇帝菲利普二世本人。†这个注释有一处不太准确。菲利普二世是西班牙国王，并非神圣罗马帝国皇帝，当时的皇帝是斐迪南一世。‡

躲在他们身后，自言自语道这种排场一点也不适合我。

另外，说到善，我只能引用贺拉斯的话：

避开恶即是善。①

我从来没有和一个朋友断绝过关系。假如关系出现了中断，我也没有泄露过老朋友的秘密，也不会用这些秘密来攻击老朋友。我从来没有写过任何与我的信条不一致的文字。在这方面，亚里士多德有些过失，盖伦堕落到参与可耻的争论这步田地。在这个问题上，我只听柏拉图的。维萨里是个很正派、很克制的人，在科尔蒂鼓动他参加毫无意义的辩论时，表明了他对待恶意争执的态度，不愿意提起他对手的名字。

我虽然妒忌科尔蒂②酷爱文学——尽管不妒忌他博学——他离开比萨的时候，理事会问他我是不是有资格接任他的职位，他回答说："没有人比他更合适了！"

当时科尔蒂指控我偷了一枚戒指，我拿着这枚戒指作为一笔钱的信物，而钱是他挣的，但没有见证人。理事会成员都知道，我们俩在这一点上还没有完全和解，但还是根据他的推荐，把授课的职务给了我。

我认为这些应被看作是我的优点，我从青年时代起就没有说过一句谎话③，默默地忍受着贫穷、灾难和逆境中的各种磨难，没有一个人能拿出正当的证据指控我忘恩负义。但话说到这就够了！

---

① 贺拉斯，《书信集》第一部，第一首，第41行。†
② 马泰奥·科尔蒂，帕多瓦医学理论教授，曾是卡尔达诺的老师，经常鼓励卡尔达诺。他也在佛罗伦萨、博洛尼亚和比萨任教。†
③ 这一说法遭到加布里埃尔·诺德的反对，诺德是卡尔达诺的主要批评者，也是《我的生平》的编辑。不过《我的生平》证实卡尔达诺说得不错，除了一些显然是偶然造成的微小差异之外，前后完全一致。†

第十五章

朋友和资助人

我年轻时的朋友里面，先说一说安布罗焦·瓦拉迪，我俩经常在一起下象棋、欣赏音乐，或参加类似的娱乐活动。然后我会讲讲帕维亚的普罗斯佩罗·马里诺内[①]和米兰的奥塔维亚诺·斯科托[②]，他们经常帮我借钱。还有一个朋友是加斯帕罗·加拉拉蒂。

在萨科镇，我与威尼斯贵族贾马里亚·莫罗西尼建立了亲密的友谊，另外还有药剂师保罗·利里奇。我回到米兰以后，米兰大主教菲利波·阿钦托成为我的资助人，通过他我结识了洛多维科·麦吉，我非常需要麦吉的帮助，麦吉也很乐意帮助我。

其他朋友中，我要提一提珠宝匠吉罗拉莫·圭里诺，我从他那里听到很多离奇古怪的故事，这些故事我经过改写收录进我的书里，但这样做没有剽窃的意思。由他牵线，我还结识了佛罗伦

[①] 这是卡尔达诺大学时代的朋友，卡尔达诺经常和他一起讨论未来生存的可能性。多年以后卡尔达诺宣称，这位朋友的灵魂来看过他，而这位朋友年轻时就死了。†

[②] 这是卡尔达诺另一位大学时的朋友。卡尔达诺还是个学生时，写了大约五十张纸的数学注释，让这位奥塔维亚诺给弄丢了。后来，奥塔维亚诺在威尼斯继承了一家印刷作坊，成了卡尔达诺第一个出版商。†

萨的佛朗切斯科·贝洛托。

法学家佛朗切斯科·克罗齐是位品德高尚的名人，也是位很有水平的数学家，他在我和米兰医生协会打官司时帮了我大忙。经药剂师多纳托·兰扎①引荐，我结识了佛朗切斯科·斯芬德拉托，他是克雷莫纳的议事会成员②，后来成了枢机主教。斯芬德拉托把我推荐给一个刑事法官，这位法官也是克雷莫纳人，名叫詹巴蒂斯塔·斯佩齐亚诺，是位博学、道德品质高尚的人。也是他把我介绍给了不起的阿方索·达瓦洛斯，他是米兰省总督，是皇帝派驻到这个国家的武装部队总司令。凭借斯芬德拉托的资助，我还当上了帕维亚大学医学教授。

在帕维亚，我和安德烈·阿尔恰蒂③成了朋友，他是最著名的法理学家，也是了不起的演讲术教师。安德烈的亲戚佛朗切斯科·阿尔恰蒂④和我的关系也密切起来，他现在是枢机主教。另外还有两位枢机主教，也应该在我的资助人之列：乔瓦尼·莫罗内⑤和彼得罗·多纳托·切西奥⑥。在这三个资助人的保护下，我目前的经济状况有了保障。除了这几个人之外，我还要提到第四个人，

① 关于对兰扎的治疗，参见本书第四十章。†
② 卡尔达诺最靠得住、最有影响力的朋友之一。身为议事会成员，他能对皇帝施加影响，后来成为锡耶纳总督和枢机主教。卡尔达诺描述了对他儿子的治疗，参见本书第四十章。卡尔达诺在"生成80的数百个例子"里，预测到斯芬德拉托的算命天宫图。参见《作品大全》第五卷，第495页。†
③ 安德烈·阿尔恰蒂（Andrea Alciati, 1492—1550），他那个时代伟大的法理学家，1528年至1532年在布尔日举办过一系列讲座，把法理学引进法兰西。卡尔达诺应邀担任帕维亚大学医学教授时，阿尔恰蒂是那里的教授之一。†
④ 指前面提到的安德烈·阿尔恰蒂的继承人，1562年帮卡尔达诺得到在博洛尼亚大学的教职，卡尔达诺忠实的朋友。直到卡尔达诺去世，两人一直保持亲密的友谊。†
⑤ 他是米兰最著名的人物之一，他父亲在最后一任斯福尔扎公爵手下担任财政大臣，后来巧妙地调整了与波旁的关系。他儿子是枢机主教莫罗内。参见第四章英译注。†
⑥ 他是卡尔达诺晚年的资助人，在罗马保护和资助卡尔达诺。†

也就是特兰托的克里斯托福罗·曼德鲁齐奥。他出身于一个十分显赫的贵族之家，在为我帮忙上无人能比，在慷慨对待所有人上无人能比。

表达了对这些名人的感谢之后，再说说与我身份相当的好朋友。阿雷佐的帕内齐奥·本韦努托是个最好的人，我与他的关系似乎比任何黄金的光芒还要耀眼。这一友谊之所以持久不变，是由其纯真的本质所决定的。还有令人尊敬的塔代奥·马萨，他是高级教士，也是一位智慧超人、极为正直的罗马人。不过早在此前，我已经结交了乔瓦尼·梅奥内，他是省长枢密院成员，还有费尔南多·贡扎加①，他是皇帝军队的指挥官。

要详细讲述我与卡洛·博罗梅奥②、与威尼斯的马克·安东尼奥·阿穆利奥的关系，讲述我与其他很多好朋友的关系，这样这个故事就太长了，这两个人都是人品最好的枢机主教。我能到博洛尼亚就职讲授医学，肯定是博罗梅奥和阿尔恰蒂帮了忙，因而我能得到整个议事会的青睐。议事会成员全是贵族，非常有礼貌、有教养、有经验，才华横溢。

医学行业的成员中，我有两个好朋友，都是清白无瑕的人，学识绝非常人能比，都是摩德纳人：卡米洛·蒙塔尼亚纳和奥雷利奥·斯塔尼。除了这两人之外，我还要提一提米兰的梅尔基奥雷·瓦莱和布雷西亚的托马索·伊塞奥，这两人我怀着异乎寻常的好意去结交，但除了很深的敌意之外一无所获。

---

① 达瓦洛斯的继承人，1546 年担任米兰总督，虽然是个严厉的人，但对卡尔达诺一直都很友好。†

② 十六世纪政教两界最优秀、品行最正直的人物之一。卡尔达诺治好了博罗梅奥母亲的病，博罗梅奥在对这位医生的保护上，从来都没有懈怠过。博罗梅奥后来出于品德高尚而被封为圣徒。参见"主教颂词"（安托万·戈多，巴黎，1665）。颂词 98："圣卡洛·博罗梅奥可以说是以前我主给予教会的所有主教的缩影，他身上集中了主教的所有美德。"†

英格兰宫廷的高官里面，我的朋友有约翰·奇克爵士[①]，他是国王爱德华六世童年时期的家庭教师。还有克劳德·拉瓦勒，他是法兰西国王派驻到英格兰的大使，还有布瓦多芬亲王。

在我老乡里面，我非常感谢洛多维科·塔韦尔纳，他是米兰行政长官，是位非常明智的人。

与我同行的朋友里，我非常敬重佛朗切斯科·维科默卡托，他是米兰人，一位哲学教授。还有安德烈·维萨里，那个时代解剖学首屈一指的大师。

我从小就认识父亲的两个朋友，后来一直有来往：阿戈斯蒂诺·拉维扎里奥，是位科摩议事会申诉书记员，还有加莱亚佐·罗索，是一位铁匠，我经常提到他。

还有佛朗切斯科·博纳费德，是位帕多瓦医生，我在另一个地方提过他[②]。

很多博学的人和朋友我要略过不提，虽然没有正式提起，他们也会由于博学而举世闻名。不过为了让您知道，我不会忘记他们对我的帮助，所以我要尽可能提一提他们的名字，以此永远铭记他们：纪尧姆·迪舒尔[③]，萨伏伊和多菲内附近地区上阿尔卑斯行政长官；博尼法齐奥·罗迪吉诺，一位法理学博士，也是位著名占星家；乔治·波罗，他是雷蒂亚人；卢卡·朱斯蒂尼亚诺，他是热那亚人；加布里埃洛·阿拉托雷，他是卡拉瓦乔人，一位著名算术学家。

---

① 约翰·奇克爵士（Sir John Cheke，1514—1557），"在剑桥教希腊语，也教国王爱德华希腊语"。1540 年剑桥希腊语钦定教授。随后担任圣约翰学院研究员，后来是公共演讲官和国王学院院长。1542 年，罗杰·阿斯克姆在描述剑桥古典研究的盛况时说："是奇克的努力和表率作用点燃了这一研究的热情，并将继续保持这一热情。"（桑迪斯，《古典学术研究史》）。†
② 卡尔达诺最初在萨科开业，就是接受了博纳费德的建议。†
③ 他是法兰西古文物研究者，里昂人，著有论述罗马人军事工程和军事训练的著作，还有论述罗马宗教的著作，已翻译成意大利语、拉丁语和西班牙语。†

　　我非常喜爱詹彼得罗·阿尔布佐，他是位米兰医生、教授①，也喜爱马克·安东尼奥·莫拉戈，还有博洛尼亚的马里奥·杰索。卡林西亚医生洛伦佐·泽亨尔对我的忠诚，还有比利时人艾德里安对我的忠诚，这些都非比寻常，两人都帮了我很多忙。

　　最后，马泰利卡②君主对我的资助简直像是神的保护，超过任何人力所能达到的程度。我在这里只简单提一提他灵魂的非凡品质，确实配得上国王的名号。他了解所有学科，了解所有学说，精神纯洁、心肠慈善。我顺便说一说他积累了大量财富，他父亲的显赫程度及其智慧，无论是别人帮过的忙还是以前的伙伴，他都记得。

　　我何德何能，能吸引这样一个文雅的人与我为伴？我不能为他带来好处，他也不能指望我为他做任何事，我老了，失去了财产，心灰意冷，也不是特别和蔼：这只可能是他对我品德的看法。您不认为这样的人像神一样吗？他们培养了对学术研究的热情，以文雅、真诚的精神养成生活俭朴的习惯，尝试和从事值得赞美的冒险活动，为此他们所付出的精力，就像其他人为获得权力、谋求利益，对未来抱有希望，日复一日地奉承大人物时所付出的一样多。

---

①　卡尔达诺在帕维亚的同事、教授，和卡尔达诺一样，其事业从加拉拉泰开始。二十五岁时应邀到帕维亚讲授修辞学，在帕维亚居住四十年，虽然接到过其他大学的很多邀请。他是个可以倾诉伤心事的好朋友，卡尔达诺在儿子被处决以后，就是向詹彼得罗·阿尔布佐倾诉了悲伤之情。卡尔达诺还把一本名叫《论死亡》的书题献给他，这是一本谈论悲伤主题的著作，以对话体写成。†
②　指从属于教会的一个小国。†

第十六章

仇人和竞争对手

讲述我的仇人和竞争对手，不会用那么长的篇幅，与我刚才讲述朋友不一样。在这方面我觉得盖伦犯的错误可不小，他和一个塞萨利人争论，只是提了一下他的名字就让他出名了。

一个人如果不是懦夫，和解为好，要是受到冒犯，不报复为好。更确切地说，要用胜过对手的方式来报复，这比大骂一通好。所以，我学会的对付办法与其说是鄙视对手，不如说是可怜他们的虚荣。他们证明，背地里说坏话的人，比公开说坏话的人要卑鄙得多，如果有正当理由指控别人的话①。

---

① "他坚定地爱真理、爱公正，记住别人给他的好处，受到侮辱时故意放弃现成的报复机会。他控制笔强于控制嘴，口头辩论时控制不住的冲动，写书时则会小心避免。他不提仇人的名字。有些作家很粗鲁地对待他的观点，对这些人他虽然偶尔也会不耐烦地写上几句，然而身体羸弱的吉罗拉莫，一个极为敏感、脾气极为暴躁的人，在残酷的敌人包围之中，竟然在其卷帙浩繁的著作里写满了哲学，发泄不满的内容却没有几页，乍看起来似乎让人不可思议。但仔细一看就不感到奇怪了，卡尔达诺与其大多数对手在智慧和道德上的差距便会显露出来。"亨利·莫利，《吉罗拉莫·卡尔达诺传》第一章，第128页。†

第十七章

不公正的控告者：诬蔑、诽谤和背叛行为

有两种背叛行为：一种是诋毁人的声誉，我在这里打算写写这一种，另一种以后再写。所以，我现在决定谈论这些背信弃义的意图，尤其是阴谋诡计。这些计谋无论如何奸诈，只要是公开谋划出来的，就绝对不算是阴谋。如果是重要计谋，就很难守住秘密。

一个人要是过于看重鸡毛蒜皮之类的事，就是个傻瓜，因此我只说四件事就行了。

第一件事发生在我应邀到博洛尼亚的时候①。诽谤我的人派了一个书记员到帕维亚。这个人既没有到我的课堂上看看，也没有询问任何一个我的学生，却莫名其妙地写了份报告送回博洛尼亚，

① 博洛尼亚大学，十一世纪在伊纳留领导下，以法理学校而闻名于欧洲。伊纳留引进了罗马法研究，吸引了整个意大利和西欧的学生，招生人数达到三千至五千人。后来引进了医学和哲学研究，教皇英诺森六世创建了神学系。十四世纪人体解剖学最先在这里讲授。1789 年，加尔瓦尼在这里发现了流电。博洛尼亚大学有好几个女教授，都非常了不起。劳拉·巴西讲授数学和物理学，曼佐利纳夫人讲授解剖学，克洛蒂尔达·法布罗尼从 1794 至 1817 年担任希腊语教授。现在的建筑自 1562 年开始建造，主要通过枢机主教博罗梅奥的慷慨捐助，那年卡尔达诺应邀来到博洛尼亚。这些建筑还在。†

那里面有很长的故事，都是从一个人那里听来的，而这个人根本就不相信会发生这种事。下面这段话是从这份报告里摘录出来的："关于这位吉罗拉莫·卡尔达诺，我听说他对着空座位讲课，因为没有学生去听他的课。他是个没有礼貌的人，所有人都讨厌他，而且他基本上是个傻瓜。他热衷于做些不光彩的事，在医学上连一点像样的技术都没有展示出来，喜欢一些医学上的成见，没有一个人找他看病，因此他没有行医。"

这份报告是在博洛尼亚，当着最尊贵的枢机主教博罗梅奥的面，由提供情报的人宣读的，这位红衣主教是教皇派驻到博洛尼亚的使节。经仔细考虑，这件事就不再追究下去了。但在报告宣读过程中，委员会听到了"他没有行医"这句话，在场的一个人就说："停，我知道这是假话，我见过一些很有权势的人找他看病，我本人虽然不是个大人物，但也向他请教过。"于是教皇使节博罗梅奥马上说道："我完全可以证明。卡尔达诺治好了我母亲的病，当时所有护理她的人都认为她无药可救了。"

这时，先发话的那个人回答说，其他说法恐怕和这个说法一样，都没有道理，枢机主教表示赞同。提供情报的人无话可说，知趣地露出惭愧的神色。

因此他们做出结论：遵照委员会的决定，我只担任一年的教授职务，然后引用条款里的话说："他如果被证明是信上所说的那种人，或以其他方式被证明对学校、对博洛尼亚市都没有用，那就请他到其他地方另谋高就。但如果我们做出其他决定，合同条款可以随后确认，薪俸也可以确定下来。"

关于薪水，已经有了不同意见。教皇使节表示同意，这件事就过去了。

委员会对这一结果感到不满意，就从议事会里派了一名代表去见我，和我商量协议的条件。他要对已经谈妥的条款进行修改，但我不同意。他提出降低薪水，没有明确指定上课的教室，旅行费用也不包括在内。他从我这里没有得到满意的结果，只好作罢，还保留原来合同上规定的条件。

这样出尔反尔虽然像是一种障碍，打算以此来阻挠别人，不过这个想法来自人的一种错误观念，因为人类活动的所有目的只能指望短期阻挠别人，绝对不能持久。哲学家如果只是记得有这些东西，并不打算去纠正，这就足够了。有一半完全落空，连个梦的影子都没有，任何人都可以从自己的所作所为上清楚地看出来。所以对这些东西不必当真，因为它们有局限性，其意义和孩子们用坚果玩游戏完全一样。孩子们如果认为他们争夺的结果与赢得桂冠或公民荣誉有关系，甚至和一个王国有关系，将来他长大以后就会得到这些东西，出于诸如此类原因或先例的关系——那他除了是个大傻瓜之外，还会是什么呢？

前面提到的事情过去之后，我终于得到了教授职务，我的对手就密谋把我从教室里赶走，其计谋如下：我有一节课安排得靠近早饭时间，然后在这一时间教室就分配给另一个老师。

针对这件让人恼火的事，我提出三条建议：让这位教授早一点上课，早一点下课；让他完全放弃这间教室，让我在这间教室里自由上课；让他用这间教室，我随便再挑选一间。

这三条建议我发现他一条也不愿意接受，我准备在下一次选举时做出安排，让他到其他教室上课。

由此出现了麻烦和痛苦。指控一桩接着一桩，妨碍了我的工作。因为我挫败了他们的阴谋，他们不得不瞪眼看着一个他们厌恶的人讲课[1]。

---

[1] "当然，"亨利·莫利在其《卡尔达诺传》里说，"教授之间不乏竞争和妒忌，争强好胜、相互妒忌的例子太多了。卡尔达诺名气很大，但没有好胜的性格。"第二卷，第280页。†

最后，我的合同快到期的时候，谣言四起，甚至故意传到枢机主教莫罗内耳朵里，大意是说只有少数几个学生听我的课。实际上根本就不是这回事。实际上从开学到四旬斋，我一直都有很多旁听生。这样一来，有这么多妒忌我的对手攻击我，有数不清的阴谋围绕着我，我觉得就像他们所说的那样，最大的美德就是向环境的压力屈服。

所以，我的仇人就假装顾及我的面子，劝说枢机主教让我自愿辞职。在这件事上，他们得到了枢机主教的响应，就这样获得了批准，主要是为了顺从一些人的意愿，这些人急于把我赶走，而不是为了改善我的处境。

从此之后，我决定不再谈论诬蔑诽谤之类的话题，这种祸害如此厉害，如此经久不衰，而且如此卑劣，如此荒谬，全凭不着边际的谣言和旁人暗示的指控。也许诽谤者受到的伤害比我还要严重，他们要受到良心不安的折磨，我只是受到一点挫折而已。实际上他们给我留下更多时间来收集整理我的文学作品，让我的名气更大，减轻了我的劳动强度，从而延长了我的寿命，让我有机会过得愉快，致力于调查研究很多事物，这些事物人们还不完全了解。

所以，我常常这样说，实际上这句话就挂在我嘴边：我不恨他们，也不认为他们应该受到责备是因为对我有恶意，而是因为怀有阻挠我的罪恶目的。

我所经历的其他磨难，甚至是在我应邀来到博洛尼亚之前所经历的磨难，我会在后面的第三十三章讲述。

第十八章

我喜欢的事情

我非常喜欢的东西有写字的尖笔，为此我花费了二十多金克朗，为其他种类的笔我也花了很多钱。我估摸着自己在各个时期买的文具，恐怕用二百克朗是买不来的。除了这些文具之外，我还喜欢宝石，喜欢金属碗，喜欢铜或银容器，喜欢彩色玻璃球和珍本书[①]。

我有点喜欢游泳，也非常喜欢钓鱼。只要我待在帕维亚，我就热衷钓鱼，改换地方让我感到遗憾。读史书让我感到特别满足，我还喜欢读哲学，读亚里士多德和普罗提诺，研究揭示各个行业的著作，尤其是研究医学问题的著作。

意大利诗人中，我很喜欢彼特拉克和路易基·普尔奇[②]。

[①] 卡尔达诺在这里提到宝石艺术品，让人想到他虽然和本韦努托·切利尼是同代人，但二人所走的根本就不是一条路。我们相信卡尔达诺的珠宝和金银器皿，就是那个佛罗伦萨人切利尼制作的。†

[②] 路易基·普尔奇（Luigi Pulci，1432—1484），佛罗伦萨诗人，是卡尔达诺喜欢的诗人。†

　　我喜欢独处甚于社交，因为值得信任的人太少，真正有学问的人几乎一个都没有。我这样说不是因为我要求每个人都有学问——虽然人类的知识总量就很小——而是我怀疑是不是应该让每个人都浪费时间。然而浪费时间是一种卑劣行为。

第十九章

赌博与掷骰子

也许我在任何一个方面都不值得赞扬，当然是因为我过度沉溺于下棋和掷骰子，我知道我倒是应该受到最严厉的谴责。这两项赌博我玩了很多年，下棋下了四十多年，掷骰子掷了大约二十五年，不仅是每年都玩——说出来真是丢人——而且是每天都玩，这让我白费了脑筋，损失了财产，也浪费了时间 [1]。

我也没有丝毫理由为自己辩护。然而，如果真有人想站出来为我辩护，请他不要说我对赌博有任何喜爱，倒是可以说我厌恶窘困，是窘困驱使我去赌博的——诬蔑，冤枉，贫穷，一些人的鄙视行为，我自己办事缺乏条理，感觉到很多人看不起我，我自己的性格不正常，最后是所有这一切造成的粗鲁和闲散。这证明了前面的说法：一旦我有幸在生活中扮演一个值得尊敬的角色，就放弃了那些不好的娱乐游戏。因此，不是对赌博的喜爱、对喧闹生活的兴趣在引诱我，而是对自己处境的厌恶、对逃避这一处

---

[1] 卡尔达诺在一本论述概率游戏的书《论赌博游戏》里说，赌注应该是赌博唯一的借口，否则浪费的时间、思考等就没有得到补偿，时间和思考用于其他娱乐活动要好得多。†

境的愿望迫使我赌博的。

我在一本论述象棋组合的书里，虽然详细论述了很多不同寻常的情况，但其中一些组合还是让我忽略了，因为我忙于其他工作。有八到十种玩法我根本无法重新获得，似乎超过了人类智力的极限，像是陷入了僵局①。

我多说这几句话，是要建议任何可能碰到同样特殊局面的人——我希望有人会碰到——希望他们能想出一点解决办法。

---

① 意思是无法分出胜负，成为和棋。‡

第二十章

服装

我对自己的看法，与贺拉斯对蒂格留斯的看法一样。更确切地说，贺拉斯在说蒂格留斯的特征时，说的就是我：

> 他阴阳怪气，经常飞跑，
> 像是敌人在他身后大叫。
> 他还经常高视阔步，
> 像朱诺的祭司在举行仪式。
> 他有时雇二百个仆人，
> 有时只剩下十个人。
> 今天说话像君王一样威严，
> 第二天又像隐士祈祷一般：
> "一张三条腿的桌子，一个蛋壳盛盐，
> 衣服虽然粗糙，也一样可以保暖。"①

① 贺拉斯，《讽刺诗集》第一卷，第三首，第9–15行。†

　　您要是问为什么这样比较，理由确实是现成的。首先，我兴趣广泛，习惯多种多样，还一直关心身体健康。我经常从一个国家搬到另一个国家，发现有必要换换行头。这样一来，手头的衣服就要丢下了，这些衣服卖掉好像不太合算，要赔钱，但留着又没有用。因此，现实需要决定了我的穿着习惯。

　　第二个原因和下面的原因一样重要，但没有那么急迫，那就是为了搞研究，我对家事或私事并不放在心上，再加上仆人马大哈，我也就不操心穿衣服的事了。这样一来，满满一衣柜的衣服穿来穿去，不知不觉就剩下几件破衣烂衫了。

　　因此，对于盖伦的建议，我绝对不是听不进去，他说一个人有四套衣服就足够了，甚至只有两套就行，如果不算内衣的话。然而在我看来，这些衣服在某一个场合穿过之后就算完成了任务，然后就可以换着穿了。

　　我认为四套衣服对我们任何一个人来说都足够了，这样我们就可以穿上自己挑选的两套厚衣服，其中一套重量中等、一套很暖和。还有两套轻衣服，其中一套也是重量中等，另一套很薄。有了这四套衣服，穿起来就可能有十四种搭配，这还不算把所有衣服同时都穿上！

第二十一章

我走路和思维的方式

我边走路边思考，所以步幅不均匀，除非有人引起我的注意。我脚步移动的时候，两只手遵照一直运转的大脑下达的命令，甚至经常打着手势。我关心的事情那么多，遭遇的事情那么多，甚至身体状况，都会影响我的步态。我身体好的时候，有活力、不疲倦的时候，就悠然自得、高高兴兴地快步往前走，与此相反的心情就会让我放慢步伐。所以，我的步态就可能成为谈论的话题——成为一个话柄——我晃晃悠悠、心不在焉地往前走，脑子里想着很多问题，这些问题与周围的环境格格不入。

一般来说，所有被刚需控制的事物都变化无常，但头脑的冲动支配着每一个人，这样他就能坚持做善事，不愿意作恶。要做到这一点，只有经常动脑子，虽然不一定总是想同样的问题。然而，我的思绪一刻也停不下来，我既不能吃，也不能玩，甚至连悲痛和睡觉时也要冥思苦想。这就成了一件大好事，可以避免作恶，可以提供消遣，而一旦停下来，我就不知道其结果是有利还是有弊了。

至于其他情况，我走得既不快也不慢，一会儿昂首挺胸，一会儿弯腰驼背，和我年轻时候的步态差别不大，尤其是在这一方面。

第二十二章

宗教与虔诚

　　我虽然出生在一个战乱最频繁的时代[1]，受到那么多经历的影响，走南闯北时遇到的一些人不仅对宗教陌生，甚至是宗教的敌人，不过我仍然没有丧失信仰。我要把这主要归功于一个奇迹而不是我自己的智慧，归功于天意而不是我自己的德行。实际上我从童年早期开始，就始终不渝地这样祈祷："主啊，愿您以无穷无尽的善，给予我长寿、智慧和身心健康。"

　　因此，如果说我一直都是最专注于宗教、最专注于敬拜天主的话，就一点也不让人感到奇怪了。

　　实际上我好像也接受过其他礼物，不过这些东西显然是别人需要的，不是我自己需要的。我虽然也抱怨，但一直都享有一定程度的健康。可以这么说，有些东西我没有怎么研究过，在学校里也没有学过，但是我反而懂得更多，比我从老师那里学到的东

---

① 1494年，法兰西国王查理八世攻打那不勒斯，由此意大利各国陷入长期的一连串的战争。米兰领土陷入混乱和争斗。1525年，帕维亚战役之后，皇帝查理五世成为意大利命运的主宰者。政治的兴衰，再加上宗教改革的巨变，成为卡尔达诺那个世纪混乱的背景。†

西还要多。就尽义务来说，我更兢兢业业，与我儿子的死亡以及可怕的悲痛作斗争。可他注定要死，而就在同一年，他撇下的那个婴儿也九死一生。要不是我孙子——也就是他儿子——活了下来，我儿子就没有后代了。

但为什么抱怨呢？为什么要把凡人的悲伤和痛苦与那些赢得不朽的人的欢乐相比呢？要是从来就没有他该多好！或者说如果他当时没有死，他会永远活下去吗？如果我遭受一些损失，对我来说又有什么区别呢？这是毫无意义的自言自语、难以言表的胡言乱语啊！

我一直记着天主的神威，而且还默想圣母，默想圣马丁。我在一次梦中得到告诫，说在圣马丁的庇护下，我会过上平静的生活，也将长寿。

有一次，我写了一篇长文，我在这里概括一下，论述的主题是今世的灾祸根本比不上来世的至福；那时我们没有任何困难，周围是不同寻常的境况，感动得不可能产生任何怀疑，感到一切都达到理想状态。但这种境况消失时，一切似乎都是一场梦。

要是天主愿意，这个难以捉摸的女妖就会让位于一种同样强的责任感了，这样该有多好啊。人要是敬天命，要是认为可以充分享受牢记天命带来的满足，就会过上更虔诚的生活，就会成为人生的楷模。

但我认识到，我正努力完成一项极为不得人心的任务，想为凡夫俗子规定一条智慧的戒律。我的虔诚推动着我，为处境悲惨的人悲伤。因此，我认为在那些为讨论灵魂不朽做出过微薄贡献的人里面，我写得并不做作，在某种意义上，与柏拉图、亚里士多德或普罗提诺的观点并不冲突，根本不违背理性或知性。

另外，一定程度的庄重是柏拉图所特有的。亚里士多德天生就有逻辑或修辞划分①能力。普罗提诺让人觉得缺乏定义和运用能力。不过普罗提诺这一点不是我发现的，我由衷地把这一批评归功于最初提出来的阿维森纳②，在哲学家中阿维森纳很像普罗提诺。

---

① 拉丁语"divisio"或"partitio"，英语"division"或"partition"，西方古典修辞学术语，指简要概括演讲各个部分的要点和整体结构。‡
② 阿维森纳（Avicenna，980—1037），十一世纪阿拉伯哲学家，在阿拉伯医学上首屈一指。卡尔达诺在本书第四十五章称他为"哈森"。他的《医学准则》翻译成拉丁语以后，让盖伦本人的权威黯然失色了四个世纪。他在伊斯法罕教书，把教授医学和阐述亚里士多德结合起来。†

第二十三章

我特有的行为习惯

我最擅长的莫过于讲述自己的经历，一是由于我活的时间长，二是由于我不断地经历灾难。

首先，暂且不说我小时候不适当的祈祷词，那时我刚开始学习，我还习惯于把自己遇到的一切都向天主表示感谢。我感谢天主给予我各种恩惠。别说是天主，就是人们帮了忙，谁要是不表示感谢，我都会认为这个人卑鄙，是个畜生。我在逆境中感谢天主，把小灾小难当成是告诫，我可以从中吸取教训。通过磨难长见识，从而避免了最严重的灾祸，这样的事不知道有多少次！

对于咬咬牙能容忍的麻烦事——对此我甚至心存感激——我向天主表示感谢，因为我认为，凡是时间能让人忘掉的事，都不可能是大事。我知道我所有的苦难都是天主给我的，这些苦难当时好像压得人透不过气来，但在井然有序的宇宙中，我相信能起到很好的作用。就算死亡不可避免，灾难一多就会让死亡变得容易忍受。伊吉内塔[1]

① 伊吉内塔的保罗，七世纪时的希腊名医和医学作家，其生平细节人们知之甚少，只知道他经常旅行，由此得名"行走的医生"。其著作有一部《医学》第七卷传世。†

常说："从膀胱里排出一个大结石的人，和他以前遭受的痛苦比起来，比排出一个小结石的人受罪小，所以死亡的可能性也小。"

即便是在极端痛苦的时候，我仍然相信天主没有忘记我，并带着这份自信，从死神手里挣脱了出去，这真是令人惊奇！

我第二个重要发现是，我应该一直乞求了解天主的意图。甚至遵照《圣经》的教诲，我乞求圣灵的保佑，请圣灵教会我按照他的意志行事，因为他是我的主。看，他的举止是那么的彬彬有礼，是那么的友善！我在灾难中得到三重安慰的支撑：他先给予再拿走，他保护我免遭人生中巨浪的袭击，他让我过上平静的生活。

第三个习惯是，我遭受损失以后，不仅仅满足于挽回损失，总要得到额外补偿才行。有少数人喜欢拿人生做试验，按照深思熟虑的计划行事，我也是这少数人之一。

第四，我要最充分地利用时间，这成了我的习惯。我骑马时、吃饭时、交谈时，或躺在床上睡不着觉时，总是在思考某个问题。我记得有句俗话叫"积小成大"，也就是说，很多小东西很快就会聚成一个大东西！

我在这里讲个小故事，这是一件真事。我住在博洛尼亚的拉努齐宫时，有两个房间，一间脏但安全，另一间墙壁装饰得非常豪华，但墙上面悬挂着一顶破旧的天花板，看样子随时都会塌下来。我住在那里的时候已经塌下来了一部分，我要是在下面的话，就会遇到很大危险。最后很多碎片同时落了下来，我勉强脱险，头没有受伤[①]。

第五个习惯是我注意到，与年长者为伍很有好处，要经常和他们在一起。

[①] 这个故事应该是用来说明他那句俗话"积小成大"的，灰泥碎片引起整个天花板坍塌！†

第六个习惯是观察一切，不要以为自然界的任何事情都是偶然发生的，由此我掌握的自然界奥秘，比我手里的钱还要多。

总是把确定的事情放在不确定的事情之前，这是我的第七个指导原则。结果我非常幸运，我相信我生涯中大部分幸运的事，都应该归功于这个决定。

第八个是，绝对不要接受别人的劝告，心甘情愿地去做任何正在变坏的事，任何理由都不行。在这方面，我得益于经验，不是我自己的智慧，也不是对自己的能力过于自信，在治病方面尤其是这样。在其他事情上，我愿意把自己托付给运气。以前做过的事情我不后悔，不会像很多人那样说："当初我要是这样做了又会怎样？"这又有什么用呢？对获得更多收益的做法怀疑太多，到头来会一无所获，因为这样耗费了时间。

在照料病人方面，绝对不要认为行动次于功效。也就是说，你要优先选择冲洗未治疗的瘘，在水肿时不应该忽略肠子里的水。使用过更有效的疗法，或某个常规疗法，尤其是被认为声誉很好的疗法之后，其结果并不是你所期待的，那你就要更加和缓一些。我总是认为所有疗法都是适当的^①。

我要是没有空闲，就不会和人约定参加特别激烈的辩论，这不仅是因为更有利，还因为这样不会浪费时间。

对于背信弃义的友情，我绝对不会猛烈抨击，只会轻轻地剪断连接我们关系的纽带。

年满七十五岁后，我就表示不愿意参加有报酬的会诊，除非我知道有多少人参加，或者我的伙伴都是谁。

凡是熟悉生狎昵的场合，一定要躲开。

只要有可能，我就更相信文字而不是记忆。

---

① 在这个地方，所有拉丁文本都含糊不清，让人莫名其妙，所以这一整段的译释很可能都是错误的。†

第二十四章

我的住所

我小时候家在米兰，住在帕维亚门附近的阿雷纳街①。我家又从这里搬到马伊尼街②，那地方位于城里离城堡不远的地方，后来我们又租了拉扎罗·松奇诺家的一所房子，那个时候我还很小。

我青年时代，我们家住在罗韦利街，属于吉罗拉莫·埃尔迈诺尔夫家的一所房子，接着又住在库萨尼家的房子。从我刚成年到十九岁那年，我住在亚历山德罗·卡尔达诺家的房子。

在帕维亚，我先后住过布尔戈圣乔瓦尼教堂附近的一所房子③，还有韦内雷圣玛丽亚教堂附近的一所房子④，属于卡塔内家族，另一所房子在蒙法尔科诺的圣格里高利教堂附近，位于博格利亚泰。后来，我搬到了大学教学大楼附近的一个地方，临近副主管

---

① 这条街道现在仍然叫这个名字，和卡尔达诺时代一样，可以在提契诺门附近找到。†
② 这条街现在已不复存在，可能位于城堡附近地区。城堡是维斯孔蒂和斯福尔扎家的府邸，后来被公园或拿破仑一世所建的剧场取代。†
③ 以前位于帕维亚城的东南地区，离军火库不远。†
④ 可能位于早年一座维纳斯神庙遗址上。在基督时代之前，维纳斯崇拜在帕维亚很盛行。†

切拉诺瓦的住所。不久之后，我买了一所自己的房子，这所房子在佩尔蒂卡的圣玛丽亚教堂附近[①]。

在博洛尼亚，我先是住在贡布鲁街[②]，但之后又离开这里搬到了加莱拉街上的拉努齐宫。后来我买了一处房产，在蒙特的圣乔瓦尼教堂附近[③]。

在罗马，我先是住在平民门附近，位于圣吉罗拉莫广场，紧挨着萨韦利庭院。我在这座城里的下一个家位于朱莉娅街，位于蒙特塞拉托的圣玛丽亚附近。

早在此之前，我一度住在母亲在米兰买的一座房子，邻近丘萨的圣米迦勒教堂。从这里我们搬到东方门，从东方门又搬到钦奎街，最后从倒塌后重建的一座房子又搬回到圣米迦勒附近的第一座房子。

---

① 位于东北部，帕维亚城堡附近。†
② 可能就是现在的贡布鲁蒂街，南北走向，位于博洛尼亚市中心以西。†
③ 位于博洛尼亚东南部。†

第二十五章

贫穷和财产的损失

我穷，但不贪婪，也不追求虚荣，更不摆阔气讲排场。我们国家爆发了战争，过高的税收，加之我们家差不多总是有一大家子人，这些造成家庭生活水平下降。我遭到仇敌的诽谤，米兰医生协会很长时间拒绝承认我。我不止一次成为流浪汉。我身体弱，我自己的事务遭到骗子的捣乱，处于摇摇欲坠的状态。我买书出手阔绰，经常搬家也造成很多财产的损失，无论是从这座城搬到那座城，还是从一个住所搬到另一个住所。

我在加拉拉泰虚度光阴、一无所获，十九个月才挣了二十五克朗以交房租。一次掷骰子运气不好，我典当了妻子的首饰和一部分家具。虽然我承认挥霍资财让人困惑，但是我在贫困时还没有去要饭更加让人惊奇。比这还要奇怪的是，我甚至从来没有认真考虑过，我走这条路是对祖先的侮辱，是对一个正派人的侮辱，是对我获得的荣誉的侮辱，然而就是凭借这些荣誉，我后来才兴旺发达起来。我若无其事地走在这条险途上。

在接下来的十五年里，这种状况在我生命中留下了印记，这段时间我也没有表现出一点开业当医生挣钱的愿望。

"确实，"你会说，"你凭啥养活自己呢？你当家庭教师了吗？"

"没有，我没有当。"

"你在没有抵押品的情况下接受借款了吗？"

"没有。"

"你没有找人要赏金吗？"

"没有。我拿不准是不是应该要，我感到不好意思。"

"也许你减少生活开支了吧？"

"也没有。"

"到底是咋回事？"

"我写历书，按照普拉特捐助基金计划，我在公共讲堂里举办讲座。通过行医挣一点小钱，我几个仆人很有办法。阿钦托家有时候捐助我一点钱，我也卖点处方。我留心防范各种意外，模仿地里拾穗的人。看见漂亮衣服，我扭头就走。"

"这样，在那些困难的日子里，我默默忍受着，准备在未来兴旺发达的时候更好地发挥作用。"

第二十六章

婚姻与孩子

多年以前，我住在萨科镇，是个快乐的年轻人，无忧无虑，像个凡人坐上了天神的宝座，说得更准确些，是在极乐王国里。

我冒着不切题的危险，在这里必须提到一场梦，这场梦对我的话题来说再适当不过了，不能忽略不提。一天夜里，我可能是在一个宜人的花园里，这里有迷人的魅力，开满了鲜花，有各种水果，吹着和煦的微风。没有任何一个画家能绘出比这更美的画来，连诗人普尔奇写的诗歌也没有这么美，也没有想象出类似的景象。

另外，在花园入口，大门敞开着，大门对面的小门也开着。我面前站着一个姑娘，身上穿的衣服洁白闪亮。我好想抱她、吻她，但刚一抱住她，一个园丁马上出来把门关住了。我恳切地求他把门敞开，但他不同意。我很遗憾，抱住那姑娘，好像站在那里，然而被关在了门外边。

我做过这场梦几天以后，镇里的一所房子着火了，我在夜里被唤醒后来到火场。我知道谁是房主——一个叫阿尔多贝洛·班达里尼①的人，威尼斯民兵军官，在帕多瓦周围的乡下征兵。他和我没有多大关系，见了面我也不一定能认出他来。但事有凑巧，他租的房子就在我的房子旁边，我心里很不痛快，他并不是我想要的那种邻居，但我又有啥办法呢？

　　在此期间，又过了一些日子，我在街上看见一个姑娘，其面容和衣服款式与我在梦里见到的那个姑娘一模一样。"啊，"我想，"我如何对待这个姑娘呢？我是个穷人，要是娶了个妻子没有嫁妆，只有一大群受赡养的兄弟姐妹，那我就完了！我连自己的开销都支付不起！我要是想劫持她，或是想勾引她②，会有很多人暗中盯着我。他父亲是同一座城里的人，是民兵军官，绝对不会容忍任何的此类暴力行为。那我又有什么办法来完成这个计划呢？没办法呀，这件事要想有个好结果，我就得逃走。"

　　我满脑子都是这样的想法，还有其他类似的想法，我仔细考虑着每一种可能性，觉得死了也比这样活下去强。从那天以后，我就不再爱那个姑娘了，我的激情完全耗尽了。通过解析我那场梦，我知道我敢指望得到多少，我知道我从性无能的束缚中解脱出来了③。我娶她没有一点勉强，她也愿意，她父母甚至巴不得凑成这桩姻缘，如果需要的话还愿意提供帮助，当时帮助对我们非常有用④。

---

① 卡尔达诺的岳父，《逆境的用处》第三卷里对他有详细描述。他是个客栈老板，是个花花公子，有些恃强凌弱，有时候在军队里混，慷慨好客，也或许热衷于凑热闹。这也许就是卡尔达诺看到班达里尼及其一大群子女在隔壁走动的时候，心里感到不安的原因。†

② 考虑到时代因素，这一想法并不能说明卡尔达诺的品德有多么邪恶。比较一下《切利尼自传》，看看十六世纪意大利北部的生活是多么放肆。†

③ "说来也怪，我是一只公鸡，却长着小鸡的身体。"卡尔达诺在《逆境的用处》第二卷第十章"论性无能"里详细谈论了他的经历。《作品大全》第二卷，第76页。这句话引自《我自己的书》。†

④ 卡尔达诺对婚姻的看法，可以在《逆境的用处》第四卷第三章"论婚姻"里找到，斯庞版第二卷，第237页。†

　　说实话，解析我那场梦并没有说到这个姑娘的结局，却把我两个儿子完全说清楚了。这场不幸的婚姻，就是我这辈子所有灾难的祸根。这些灾难是不是天意的安排，是不是我自己或我祖先的罪孽造成的，我不清楚。我只知道要是没有这桩婚事，自己就会磨炼得非常坚强，根本不受这些灾难的任何影响。

第二十七章

两个儿子的灾难

我那场梦在我两个儿子身上显示了全部的威力。

首先，我妻子两次流产，都是四个月大的男婴，从此我对她生育后代感到绝望，我有时怀疑是某个煞星在作怪。后来，妻子生下了长子，这孩子面相长得和我父亲一模一样。他年轻时表现出善良、心地纯洁的品质。他右耳朵聋，一双白色的小眼睛，不停地滴溜溜转动。左脚上有两个脚趾，如果我没有记错的话，从大脚趾算起是第三个和第四个，由一张膜连接起来。背稍微有点驼，但还达不到畸形的程度。这孩子直到二十三岁那年，一直过着平静的日子。之后他恋爱了，大约在他获得学位的时候，娶了个没有嫁妆的妻子，名叫布兰多尼亚·塞罗尼。

我在前面说过，孩子他母亲早就过世了。甚至早在此之前，他外祖父实际上在我结婚几个月之后就死了。只有他外祖母塔迪亚还健在。

随后悲痛和眼泪就来了！以前，他母亲活着的时候，我默默地承受着很多痛苦，特别是忍受着仇人的攻击，但总算熬到了头。我儿子从结婚到死亡这段时间一直受到指控，说他企图毒死妻子，当时她产后还很虚弱。2月17日他被逮捕，五十三天以后 ①，也就是在4月13日，他在狱中被斩首。

这就是我最大的、无比的不幸。由于这一原因，我既不适合继续担任职务，也没有正当理由把我解雇。我既不能继续在故乡平静地生活下去，也不能安全地搬到其他地方。我外出时成为被嘲笑的对象，与同伴交谈时低声下气，让人家看不起，成为不受欢迎的人，见了朋友便躲开。

要走的路不知道在哪里，没有去处，也不知道自己是不幸还是更招人恨。

接踵而来的是小儿子愚蠢的、丢人现眼的表现和暴力行为，丢脸的事都让他做绝了。我不得不几次让他入狱，判他流放，剥夺他继承父亲遗产的权利，他母亲一方也没有任何财产。

只有女儿没有给我添堵，除了为她凑足嫁妆之外。不过这是我对她应尽的义务，我乐意去做，都是应该的。

长子撇下了孙子、孙女让我抚养，但在几天之内，我家举行了三次葬礼：我儿子、我小孙女迪亚雷吉纳、小孙女的奶妈。然而小孙子也离死不远了。总的来说，凡是与我子女有关的一切，其结果只有那么糟糕了。即便是我女儿，在她身上至少还存有一线好的希望，她嫁给了事业有成的、受人尊敬的年轻人——米兰公民巴尔托洛梅奥·萨科以后，却连个娃儿也没有生。这样一来，传宗接代的唯一希望，只能寄托在我孙子身上了。

这些烦心事对于后世来说，尤其是对于陌生人来说，好像没有任何意义，这我并不是不知道。但就像我在前面说过的那样，在凡人的一生中，除了无聊、空虚、梦影之外，其他什么都没有。凡人的一切行为、一切事务，他们的生命和兴衰，能找到一个坚

---

① 卡尔达诺又算错了，实际上是五十五天。†

实的基础吗？这个超过其他一切的基础到底是什么？雄辩术之父
西塞罗说，他可以从女儿之死中得到安慰，就像从克兰托 ① 那里得
到安慰一样。所以，凡夫俗子可以从这种最大的逆境中发现新的
意义，今天在这里发现，明天在那里发现，证明他们注定是有用
途的，这一用途是不能遭到鄙视的。

　　至于其他事，我心里很清楚，只有书里普遍记载的事才是值
得关注的，比如说从最微不足道的开端产生的一系列大事。要详
细描述这些事，笔锋就要轻快，每一件事都要按照最严谨的顺序
来记述，这样完成的图画就会完美地再现真实的历史。另外，引
人注目的表现是通过这个人的高尚或那个人的卑鄙来完成的，或
者是由于偶然因素完成的，讲述这样的事应该尽可能地简洁，除
非是讨论艺术或哲学。

　　而现在——时代啊！习俗啊！——我们记述下来的只有卑鄙
的奉承。有些人因为品德高尚、白璧无瑕而值得赞美，而赞美这
样的人是合理的，就像普林尼推崇图拉真，贺拉斯推崇米西奈斯
一样。而我们却愚蠢地解释这件事该如何做。一个人能够认识到
这种阿谀奉承根本就不值得被赞美，而是最令人作呕的，就像两
头骡子相互挠痒一样，这样该有多好。不过如果真的值得赞美，
那就一笔带过，好像大家早就知道似的，就像小普林尼提到诗人
马休尔时所做的那样。

　　一本值得买的书，应该在智慧和艺术上追求完美。一本书如
果从一开始就写一个话题，由此得出一个合乎逻辑的结论；既不
遗漏任何一个有关的论点，也不包含任何一个无关的论点；符合
修辞划分规则；对深奥的问题进行解释，为其论点所依据的基本

---

① 克兰托（Crantor），索利哲学家，齐诺克雷蒂的学生。西塞罗从他的一篇
　作品里引用了很多内容，写了《论安慰》，谈论他女儿图利娅的死亡，现已
　散失。†

原理提供证据；或准确解读某位艺术大师，就像费兰德里埃尔 [①] 解读维特鲁威 [②] 那样——这样就是完美的书。

[①] 费兰德里埃尔（Philandrier，1505—1565），法兰西建筑师、学者、艺术批评家，这里提到的书是《对维特鲁威的注释》。†

[②] 古罗马御用建筑师，其《建筑十书》是保存至今的第一部完整的建筑学著作。‡

第二十八章

法律诉讼程序

从我父亲去世到我四十六岁那年，有二十三年时间，我几乎经常忙着打官司。第一场官司是和亚历山德罗·卡斯蒂廖内打的，人们都叫他加蒂科，这场官司与一些林地有关，后来又和他亲戚接着打。下一场官司和伯爵巴尔比亚尼打，接着和米兰医生协会打，最后和多米尼科·托里斯的继承人打，托里斯是个贵族，是他把我抱到洗礼池里受洗的。这几场官司我都打赢了。我竟然得到了对亚历山德罗·卡斯蒂廖内不利的判决，这真是个奇迹。他叔叔是主审法官，他本人得到的判决结果是我败诉，后来又反转过来了，这是法学家的行话，我迫使他支付了所有欠我的钱。

同样时来运转的是，我先是被米兰的学院院长们认定为候选人，又被多数票排除掉，在最后选举时又得到批准，被任命为助理，受学院管理。不过我并不是以同样条件得到认可的，虽然面对强烈反对，最终还是得到了所有权利。

经过漫长的程序、威胁和其他障碍之后，我与巴尔比亚尼家达成了协议，收到合同规定的数目之后，最后与法院彻底断绝了关系。

第二十九章

旅行

我多次走南闯北，除了那不勒斯、阿普利亚及其周边地区之外，几乎游历了整个意大利。我也游览了德意志，尤其是下德意志[1]、瑞士和蒂罗尔。除了这些地方之外，我还到过法兰西、英格兰、苏格兰。我要说说这是怎么回事。

圣安德鲁斯大主教约翰·汉密尔顿[2]是苏格兰国家元首，也是摄政的亲兄弟、教皇的特使和大主教。他患有间歇性哮喘，一开始间隔的时间很长。到了他四十岁那年，间隔时间缩减到八天，看样子离死不远了，一连二十四小时得不到缓解，顶多得到一些非常轻微的缓解。他一再找医生看病，但不起作用，找过皇帝查理五世的御医、法兰西国王亨利的御医。最后，我的名字传到了他耳朵里，他通过自己的医生从中牵线，往米兰送给我二百克朗，让我到里昂，或最多到巴黎，暗示他自己要到那里去。当时我没

---

① 即德意志北部。‡
② 阿伦伯爵詹姆斯·汉密尔顿的亲兄弟。1543 年，詹姆斯·汉密尔顿担任苏格兰摄政，在玛丽未成年时期行使职权。1547 年，约翰·汉密尔顿被任命为圣安德鲁斯大主教，实际上应付着这一时期苏格兰所有的困难局面。†

有课可讲，就像我在前面说过的那样，满口答应了他的条件。

1552年2月23日，我准备好上路了，途经多莫多索拉、锡永、日内瓦、辛普朗峰，过了日内瓦湖以后，于3月13日来到里昂。当时正值米兰狂欢节期间，按通常的算法那天是在6日。

我在里昂逗留了四十六天，但无论是大主教还是医生本人，我连一眼也没有见到，我一直眼巴巴地等着他们。在此期间，给我的劳务报酬支付了我的花费之后还绰绰有余。著名的米兰公民洛多维科·比拉格也在里昂，当时他正担任王家步兵上尉，多年来我们一直是密友。他专程过来找到我，说如果我愿意到布里萨克元帅①麾下效力，就为我提供一千克朗的年薪。在此期间，大主教的医生威廉·卡萨纳特到了，又给我带来了三百克朗，以此促使我到苏格兰。他提出为我支付到那里去的所有旅费，另外还许诺了丰厚的报酬。

于是我被领着往前走，由卢瓦河到巴黎。在这里我碰见了著名的奥龙提乌斯②，但他拒绝见我。

尼古拉·勒格朗③把我领到圣丹尼斯教堂，参观法兰西国王的私人贵重物品保管库。这个地方不是太有名，但在我看来却更加重要，尤其是因为里面保存有一只完美的独角兽角。在此之后，与国王的御医们一起举行了一次会议。我们在一起吃了饭，但他们在就餐时没能让我发表意见，尽管在饭前他们想让我先发表意见。

我继续上路的时候，与让·费内尔、雅克·博④和另一名御医关系最好，离开了他们我很遗憾。我继续赶到法兰西的布伦，在

① 关于比拉格和布里萨克，参见第四章。在第三十二章，卡尔达诺说布里萨克想雇用他，但不是要他当医生，而是当数学家和工程师。†
② 又名奥龙斯，十六世纪法兰西著名数学家。†
③ 法兰西国王的御医之一。†
④ 费内尔是巴黎医学教授和首席御医，雅克·博是维萨里的老师。†

这里遵照萨里彭亲王的命令，由十四名骑马的武士和二十名士兵护卫我到达加来。我在加来看到恺撒塔仍然矗立着。

从这里过一个海湾，我去了伦敦。最后我到了爱丁堡，6月29日来到大主教身边。我在这里一直待到9月13日。我又得到四百金克朗的报酬、一条价值二十五克朗的项链、一匹良种骑乘马，还有其他很多礼物，跟着我来的人没有一个是空手而回的。

回来的时候，我先到布拉班特，在通厄伦附近游览了格拉沃利讷、安特卫普、布鲁日、根特、布鲁塞尔、鲁汶、马利纳、列日、亚琛、科隆、科布伦次、克莱沃、安德纳赫、美因兹、沃姆斯、斯皮雷斯、斯特拉斯堡、巴塞尔、诺伊施塔特、伯尔尼、贝桑松，穿过蒂罗尔国的心脏地带，游览了这个地区的两座城市：库尔和基亚文纳。最后，我渡过科摩湖，于1553年1月3日到达米兰。

所有这些地方，我只在安特卫普、巴塞尔和贝桑松短暂停留。我在安特卫普的朋友想尽各种办法挽留我。

在伦敦，我得到恩准觐见了国王 ①，在这里接受了礼金一百克朗，另一笔礼金五百克朗被我谢绝了——有人说是一千克朗，实际是多少我弄不清楚——因为我不愿意承认国王的一个头衔，这个头衔是对教皇的伤害 ②。我在苏格兰的时候，与法兰西总督塞尔公爵成为好朋友。

在巴塞尔，要不是预先得到古列尔莫·格拉塔罗洛的提醒，

---

① 爱德华六世，当时还不满十五岁。‡

② 这里所说的头衔是指"信仰的捍卫者"，卡尔达诺拒绝承认这是爱德华六世的一项权利，因为卡尔达诺本人是教皇忠实的臣民。(†) 爱德华六世的这个头衔是从他父亲亨利八世那里继承过来的。1521年，亨利撰文攻击马丁·路德，捍卫罗马天主教，教皇利奥十世就封他为"信仰的捍卫者"。后来亨利宣布脱离罗马教会，教皇保罗三世就撤回了这一封号，但英格兰议会认为这一头衔仍然有效，之后的历代君主也都继承了这一头衔。(‡)

我差一点住进一家感染了瘟疫的旅馆。在贝桑松，我受到利雪高级教士的盛情款待，这我已经记下来了。他给我送了礼物，在其他地方也有人送礼物。

我在罗马一共住了四年，在博洛尼亚住了九年，在帕多瓦住了三年，在帕维亚住了十二年，在莫伊拉戈住了四年——我一生中最初的四年，在加拉拉泰住了一年。我在萨科镇住了将近六年，在米兰住了三十二年。我在三年之内连续搬家三次。

除了到苏格兰的长途旅行之外，我还去了威尼斯和热那亚，游览了沿途经过的城市贝加莫、克雷马、布雷西亚等等。我也去了费拉拉，去了佛罗伦萨，到了沃盖拉和托尔托纳那边。

简而言之，我可以说差不多熟悉整个意大利，除了那不勒斯王国及其周边国家之外，如古老的阿普利亚地区、古老的拉丁姆、边境地区、翁布里亚、卡拉布里亚、古老的大希腊[①]和卢卡尼亚，还有阿布鲁齐。

你可能会问，把所有这些城市都说一遍有啥用意呢？这样做意义很大。按照希波克拉底的建议，你哪怕只有一天观察周围，就可以了解这个地方的基本特征，了解居民的习俗，这个城市的哪一部分比较好，哪一种疾病在流行。我们还可以确定游览过的哪个地区更宜人，因为在某一个季节，由于天冷，整个地区几乎不可能都适于居住，也可以确定另一个地区由于时局动荡而不可取。

另外，熟悉其他地区对于更好地了解历史有好处，尤其是对数学家写地理论文有帮助，或对每一个对动植物的基本特征和生产效益感兴趣的人有帮助。另外，熟悉其他地区也可以让人了解主要的旅行路线，很多这一题材的书，都是根据旅行经验用意大利语出版的，这补充了有关远方事物的信息。

---

① 指古希腊在意大利南部的殖民地。‡

第三十章

危险、事故和各种持续不断的欺诈行为

要讲述的事发生时，我正住在帕维亚的卡塔内家。一天上午，我去大学的教学大楼。地面上覆盖着雪，我在校舍右边一道倒塌的墙旁边停下来方便①。之后我继续赶路，穿过一条通道底下的时候，一块松动的瓦片垂直掉落下来。这一危险我躲过去了，只是因为墙旁边的通道上部积满了雪，我从那里走不过去，而我的伙伴曾让我从那里走。

第二年，如果我没有记错的话是 1540 年，我走在东方街上，突然莫名其妙地从左边跨到右边，一点缘由也没有。我跨到右边以后，一大块灰泥从对面一个非常高的飞檐上掉了下来，要是没有躲开这一段距离的话，正好会砸到我，肯定会把我砸成肉酱。感谢天主，我躲过一劫。

不久以后，在同一个地方附近，我骑着一头骡子，走到离一辆大马车不远的地方。我想继续往右边走，我有急事，耽误了事会很麻烦。我自言自语道："这辆马车可别翻了！"话音刚落，就

---

① 当时的公共场所还没有厕所，只能在路边或僻静处大小便。‡

在我停下来的时候车翻了，不用说差一点压在我身上。我受到的伤害显而易见，危险真是不小。

我可不是因为这一次事故而对结果感到惊奇，而是因为我多次改变行走的方向，都是无意识的，除了这一类危险，或是其他我没有意识到的危险之外。然而，应该感到惊奇的不是重大事件，而是经常发生的类似事情。

十一岁的时候，如果我没有记错的话，我自己走进一个显赫公民多纳托·卡查尼家的院子，一条长毛小狗咬了我的小肚子。我有五处受伤，但不严重。伤口是黑斑点，对这次事故，我起码可以说，我面临着患上狂犬病的危险，但这个危险不知道有多大。这件事要是发生在一个岁数大一些的人身上，没有咬出毛病，吓也肯定能吓出来。

1525 年，也就是我当上院长那一年，我差一点在加尔达湖里淹死。我很不情愿地上了一条船，船上运的是一些出租的马。航行过程中，主桅杆、船舵和船上配备的一个桨断了，一共配备有两个桨。船帆撕裂了，连一根较小的桅杆也突然折断了，最后夜幕降临了。我安全到达了西尔米奥奈，而其他乘客连最渺茫的希望也放弃了，我也差不多绝望了。

我们上船要是再晚一点，哪怕是晚一个小时的四十分之一，最后也会完蛋，当时的暴风雨是那么猛烈，连客栈百叶窗上的铁棍都弯了。我开始虽然心神不宁，一条美味的狗鱼一摆上餐桌，我就心满意足地大吃一顿。其他乘客不是那么镇定，除了为我们这趟不幸的航行担任顾问的人，他在我们遇到危险的时候，还是帮了大忙。

圣母生日①那天，我到了威尼斯，赌博时输了一些钱。第二

---

① 指 9 月 8 日。‡

天，在一个职业骗子家里，我把剩下的钱也输光了。我发现纸牌上有记号，就猛地拔出匕首往他脸上砍去，不过砍得不深。房间里有两个年轻人，是我对手的仆人，有两杆长矛固定在天花板上，天花板用木梁支撑着，门闩是插上的。

不过我开始赢了，并把我所有的钱，还有前一天我输掉的衣服和戒指，全都捞了回来，从第二天开始我就赢回来了。在此之前，这些东西我都让仆人放在住所里了，我就掷骰子把一部分钱赢了回来，我发现伤害了他就愿意赔偿。然后我攻击了家仆，但他们不会使用武器，求我饶他们一命，我就把他们放了，条件是让他们把房间门打开。

主人看到家里乱作一团，我看他吓得连一分钟也不想耽搁，因为他在自己家里用带记号的纸牌骗了我。他急忙算了算，他要赢的钱和要输的钱相差无几，就命人把门打开，我就这样逃走了。

当天晚上大约八点，我正拼命逃脱治安队的魔掌，因为我暴力攻击了一位议事会成员，同时把武器藏在斗篷下面。突然，我脚下一滑，加之天黑看不清楚，掉进了一条运河里。甚至掉进去的时候，我还保持着镇定，甩出右胳膊，抓住了路过的一条小船的船舷上缘，就这样被乘客搭救了。我往小船上爬的时候，发现那位议事会成员也在船上，我大吃一惊，我刚才还和他赌博。他用一块敷料把脸上的伤口包扎住，但很乐意地给我拿出来一套水手服。我就穿上这身衣服，和他一起旅行到帕多瓦。

有一次在安特卫普，我到一家店铺去买宝石，一失足掉进一个坑里，坑就在店铺里面，那坑有什么用途我不清楚，结果受了伤。我的左耳朵被擦伤，但这点事故我并不放在心上，只是擦破一点皮而已①。

---

① 在卡尔达诺的印象中，也许这是一次丢脸或尴尬的经历。他从苏格兰到米兰是凯旋，每到一处都受到最高级别的礼遇。†

1566 年，我在博洛尼亚时，车控制不住了，我从一辆侧翻的马车上被甩了下来。在这次事故中，我右手的无名指折断了，胳膊也受了重伤，不能往后弯曲了。这种僵硬状态持续了些日子，然后又转移到左胳膊，而右胳膊像是没事儿一样——这种情况异乎寻常。但更让人吃惊的是，九年以后，这种僵硬状态又回到右胳膊，而且没有任何明显的原因，倒像是个预兆似的，一直把我折磨到现在。不过那根手指头虽然没有专门治疗过，但又恢复到了正常状态，没有给我带来一点不方便，弯曲时也不再感到难受了。

1541 年，我冒着感染瘟疫的危险（对此我又能说什么呢？），应邀去照料一位上校的仆人，上校是位显赫的来自热那亚岛的绅士。仆人染上了瘟疫，他刚从瑞士回来，在瑞士时曾睡在两个人中间①，这俩人染上了瘟疫，后来都死了。这种严重情况我并不知道，我的官方职位是医生协会会长，皇帝进入米兰时，我以这个身份举着他的华盖。

我的病人在这个关键时刻患上瘟疫的消息传出去以后，上校想掩盖证据，就赶忙把死人——大家都认为病人差不多和死了一样——藏到城外一个地方。这样把病人藏起来我并不同意，我只不过担心成为一场骗局的牺牲品。但在天主的帮助下，病人康复了，出乎所有人的预料，我近乎父亲般的照顾也起了不少作用。

1546 年，我遇到一件最令人吃惊的事，简直不知道该如何讲起。前一天，在一所房子里一条狗咬了我，我第二天就走了，一点事也没有。实际上狗并没有把我咬伤，但这条狗非常狡猾，悄无声息地扑到我身上，我担心这可能是一条疯狗。我把一盘水放在地上让狗喝，可它没有喝，但也没有跑走，而是吃了一条鸡腿，

①　当时欧洲的普通家庭一般只有一张床，有些人家连床也没有，家庭成员和仆人都睡在一个通铺上，来了客人也都睡在一起。‡

那是我让人给它的。

那么，接着往下讲。我正走着，看见一条大狗朝我走过来，但还有一段距离。那是4月份，正赶上圣克鲁斯节，我骑着马走在一条极为宜人的路上，路两边都有绿色的树篱和树木，也把路围了起来。我自言自语道："我咋和狗扯不清了？昨天一条狗，今天又是一条狗！我从来没有傻里傻气地害怕过，但谁知道这条狗是不是真的疯了？"

我正想着这些问题，那条狗大步流星般跑了过来，直奔我那头骡子的头，我简直不知道咋办才好。狗跑到近前，扑过来准备咬我。我骑着一头小骡子，马上想到一个主意，只有这一招才能解决问题：我把头低到骡子的脖子上，狗咬牙切齿地从我头上跳了过去！狗不仅没有伤到我，甚至连碰都没有碰到我，这肯定可以算作一项奇迹！

这件事我要是没有写下来（我在很多本书里都提过它），我会以为是在做梦。我回头看时，碰巧发现狗往回跑，朝着一个男孩扑了过去，这孩子在我左侧跟着我，在树篱附近，要不然我甚至会以为这件事是我沉思默想时产生的幻觉。我返回来问那个孩子。

"请你告诉我，"——那条狗已经急速地跑走了——"你看见那条狗干啥了吗？狗伤到你了吗？"

"狗一点也没有伤到我，"那孩子回答说，"但我确实看见那畜生对你干啥了。"

"请你告诉我，狗到底干啥了。"我再次询问他。

"狗直接朝你的头扑了过去，你一低头，狗从你头上跳了过去而没有伤到你。"

然后我自言自语道："我真的没有胡思乱想。"

然而，这件事大家好像都不相信。

总的来说，我四次遇到极端危险的情况。一句话，这样的危险我要是没有以某种方式避开，我这条命还有没有都是个问题。第一次是差一点被淹死。第二次是碰见疯狗。第三次危险性小一些，因为只是个危险的苗头，一大块灰泥掉落下来。最后一次是在那个威尼斯贵族家里吵架。

我这一生中也遇到很多严重挫折和障碍，成了这些挫折和障碍的牺牲品。第一个挫折是我的婚姻。第二个是我儿子惨死。第三个是我入监。第四个是我小儿子的恶劣品质。一个人的生平，应该这样有条不紊地考察一番。

以下这些事情我都避而不谈：我女儿不孕；与医生协会争执很长时间；很多对我恶毒的攻击、不公正的指责就更不用提了；身体健康状况很不稳定，经常体弱；没有一个朋友给我出好主意，给我带来好处。这样出主意帮忙的朋友，我这辈子要是不缺，就会在很大程度上得到宽慰，省去很多麻烦事。

现在注意，我要讲的一些事说来也怪，与一个致命的阴谋有关，实际上是个离奇的故事。

我在帕维亚任教期间，常常在家里看书。当时我家里有个女工时不时地干些活儿，有个年轻人埃尔科莱·维斯孔蒂、两个小伙子、一个男仆，我记得是这样。其中一个小伙子是个抄写员和歌手，另一个是小厮。

1562 年，我走到了决定离开帕维亚这一步，想辞去教授职务。议事会对我这一决定明显不赞成，好像这是独自一人一气之下采取的行动。

这时帕维亚有两个大夫，一个是我以前的学生，那是个很狡诈的人；另一个是位杰出的医学教授，他是个诚实的人，不像我认为的那样有恶意。不过说实话，对地位和权力的贪求，尤其是和真心希望取得成就的热情结合起来，还有什么做不到呢？另外还有个非法的对手。这些对手拼命要把我从这座城里赶走，为达到这一目的，随时准备采取任何手段。

因此，由于议事会反对，不赞成我急于离开，这些对手就对赶走我不再抱希望，然后就密谋杀掉我。他们杀我不打算用剑，他们害怕流言蜚语，害怕议事会，就策划一个阴谋取我的性命。我的竞争对手认为，如果我不退出他就当不上领导。所以他们就拐弯抹角地来办这件事。

首先，他们以我女婿的名义写了一封信——一封最无耻、最卑鄙的信，而且还没有忘记添上我女儿的名字——说他耻于承认我们的关系；出于对议事会和学院的考虑，他为我感到羞耻；他认为现在的情况是我要是继续当教师，我的同事应该感到丢人，应该采取行动把我赶走。

我自己的孩子这么放肆地攻击我，我吓得目瞪口呆，我不知道该咋办、该咋说、该咋回答。这些说法我如何解释呢？

然而，这种无耻、无礼的行为显然来自阴谋的老窝，其他类似的阴谋也是从那里孵化出来的。没过几天，第二封信又出笼了，署名人是菲奥拉万蒂。信的大意如下：

> 他出于家乡、学院和全体教师的缘故而为我感到耻辱。现在四处传言，说我正利用小伙子做不道德的事①，一个还不满足，又往家里添了一口人——这种事情绝对前所未有，他代表很多有利害关系的人，要求我重视由我引起的流言蜚语，帕维亚人其他什么都不谈，只谈论驱除我的计划，这些丑行是在哪些公民家里干的，要公开标示出来。

读到这些话，我目瞪口呆，不相信这封信是他写的——一位

---

① 意思是卡尔达诺搞同性恋。‡

朋友、一个头脑清醒的人写的。想起前面一封我女婿写的信——我猜测是我女婿写的——我仍然耿耿于怀。现在我完全明白了，那根本就不是我女婿写的，我女婿根本就没有想过这种事。从那时直到现在，无论我女婿心情如何，是温和还是愤怒，他对我一直都是忠心耿耿，从来都没有显露出一点对我不友好的态度，更不可能做出写那封信之类的荒唐事。

　　一个人在其他方面小心谨慎，即便他相信这类的荒唐事，会把这些事写到一封信里，然后让信落到外人手里吗？他肯定搞不清楚岳父犯了罪，而且是如此肮脏如此卑鄙，肯定会导致严重后果的罪 ①，在这种情况下，他怎么会控告岳父呢？这些问题我是如何考虑的，我就略去不提了。

　　我让人把我的斗篷拿来，去找菲奥拉万蒂了。我问他那封信是咋回事，他承认信是他写的！我更加感到震惊，我根本没有怀疑任何的背叛行为，更没有理由相信有这种想法。我开始问他是什么动机，问他到底在哪个地方策划出了这么广为人知的阴谋来排挤我。一听这话，他就支支吾吾，不知如何回答才好。他只是隐约谈到坏名声，谈到语法学校的院长，院长完全支持德尔菲诺。

　　然而，德尔菲诺发现局势有变，他自己可能被拖入逆境，而不是让人家怀疑我犯了罪，所以他就改变计划，抽身而退。他清楚地知道，自己毫无城府，已经陷入了困境。于是从那天以后，所有这些阴谋都逐渐销声匿迹，一套精心编造的诡计不攻自破。

　　另外，我可以解释一下这件事是如何编造的，这是我后来发现的。狼和狐狸劝羊 ② 说，我要是不在帕维亚，议事会就会想尽办

---

① 当时基督教会严禁同性恋，在很多地方同性恋者都会被火刑处死。‡

② "狼"可能是指德尔菲诺，"狐狸"可能是指卡尔达诺的竞争对于或赞同其竞争对手的人，"羊"可能是指菲奥拉万蒂，其他两个人的工具。这几个词语卡尔达诺用得有些混乱，这样莫利的叙述看起来并不准确就不奇怪了。†

法任命他为教授，他排名第二。我的竞争对手就依照惯常的继承传统，擅自把排名第一的位置据为己有——他是狐狸！但后来事态的发展证明结果并不是这样。

悲剧的第一幕就这样落幕了，第二幕又开始了，第一幕中的一些谜团在第二幕就解开了。

首先，对于一个注定要为国家、家庭、议事会、米兰和帕维亚医学界同僚、教授团体，还有学生带来耻辱的人，我的仇人就想方设法邀请他加入帕维亚信托学会，很多博学的神学家、两位君主、曼托瓦公爵、侯爵佩斯卡拉等人，都是这个学会的成员。

我的仇人一看我不愿意加入，就试图让我担惊受怕。我该怎么办呢？儿子的死让我沮丧，各种不幸又折磨着我，我终于默认了，尤其是议事会已经做出决定，要放我一段时间的假，不在帕维亚语法学校教书了。

即便是到这个时候，我也没有意识到他们的阴谋。不到十五天之前，所有掌权人物都想把我赶走——我是所有年轻小伙子丑陋的配偶——现在竟然想和我套近乎，即便是这样，我也没有感到奇怪……天主的信赖啊！凡人的狠心啊！无耻的假朋友的深仇大恨啊！卑鄙的残忍行为啊，比很多条蛇还要狠毒！

他们还策划了什么呢？就在信托学会大厅的入口处，我发现有一根梁摇摇欲坠，随时都会掉落下来，谁要是进去时不注意，就有可能被砸死。这是偶然造成的，还是故意摆放的？我不知道。但确定无疑的是我编造各种借口，尽量不在学会中露面，除非是不合季节或意想不到，就像是一只老鼠防范着好使自己别中圈套似的。但啥事也没有发生，或是因为他们觉得公开干坏事不明智，或是因为他们这样做并没有任何用意，或是因为他们放弃此举再打别的主意了。

首先，没过几天，我被叫去照料外科医生彼得罗·马可·特罗诺生病的儿子，他们在门道上面支起一个铅坠，看样子像是用来控制芦苇帘的。不论干什么用，不论怎么用，也不论用什么技术把铅坠吊起来好让它往下落，我从来没有调查过。但铅坠还是落下来了，要是砸在我身上，那我就彻底完蛋了。而我是如何躲过这一劫的，只有天主知道。从此以后，我开始隐隐约约地感到担忧，也不知道担心的到底是啥，我感到大惑不解。

现在注意听第三幕，这一幕出现了结局。不久之后，那只羊——菲奥拉万蒂——来找我，问我是不是愿意让那俩和我住在一起的年轻歌手参加一项庆祝活动，演唱一首新弥撒曲。折磨我的这些人知道，这俩小伙子是我的侍酒童子①和试食员，就安排我的女仆给我下毒。

实际上在此之前不久，他们就找过埃尔科莱，问他是否有兴趣参加庆祝活动，埃尔科莱没有起疑心，就答应下来了。但他发现两个小伙子也受到邀请，就感到有些不安。所以他回答说，只有一个小伙子是歌手，不是两个。菲奥拉万蒂是个笨头笨脑的人，满脑子里想的是把两个小伙子都带走，便说道："把他俩都交给我，我们知道他是个歌手，即便他没有受过训练，混到合唱队里充个数也行。"埃尔科莱对两个来的人说："两位先生，请允许我和主人商量一下。"

埃尔科莱就进来找我，揭露了他们的阴谋，他一眼就把问题看穿了。我要不是精神失常，要不是个傻瓜，会很容易预见到这些坏蛋会干啥，虽然当时我还没有注意到。我听了埃尔科莱·维斯孔蒂的建议，他一再说有一个小伙子连一个音符都不认识，就决定不让两个小伙子去。

---

① 耐人寻味的是，宙斯爱上漂亮的牧羊少年该尼墨得斯以后，就把他抢到奥林匹斯山上担任侍酒童子，成为宙斯的同性恋对象。这个典故，卡尔达诺不会不知道吧。‡

两个星期还没有过完——也许时间再长一点——这俩人又回来了，问我是不是允许那俩小伙子参演一部喜剧。就在这时，埃尔科莱慌里慌张地过来对我说："现在真相大白了。他们想把你的仆人全部从你餐桌上支走，以便把你毒死。你不仅要保持警惕，注意防范这一类的阴谋诡计，还要处处当心，他们肯定会一门心思把你置于死地。"我说："我也是这样想的。"

但我思想上还是转不过来，接受不了这个想法。"我要怎样回答呢？"我接着对埃尔科莱说："你就对他们说，你不能把仆人抽出去。"我就这样说了，他们也走了。最后，我猜测他们经过慎重考虑，决定把我彻底剪除。

一个星期六，即6月6日，如果我没有记错的话，快到半夜的时候，我突然醒了。我发现一枚戒指从我指头上消失了，戒指上面嵌有一颗蓝宝石。我让仆人起来寻找，但没有找到。我也起来了，命他去拿一支蜡烛。他去了，但又回来说没有火。我大骂他一顿，让他再去找。然后他又回来了，乐呵呵地用钳子夹着煤火，或者说至少夹着余烬，那是红红的一大块。他说其他的没有了，我说这也行，就让他把火吹着。他吹了三次，但还是不起火，正要把蜡烛从煤块边拿走，这时火苗跳了起来，把蜡烛点燃了。

"你注意到了吗，贾科莫·安东尼奥？"我大声说，叫了他的全名。

"确实看到了。"他回答说。

"到底是咋回事？"我急切地问道。

"蜡烛点燃了，不过煤块没有起火！"

"小心点，"我说，"别让蜡烛熄灭了。咱找找戒指吧。"

戒指在地板上找到了，正好在床正中央的下面，如果不是使劲把戒指往墙上扔，然后再反弹回来，戒指是不大可能待在那个

位置的 ①。

我发了誓，第二天决不会跨出房间一步。时机对我的誓言有利，这一天是个宗教节日，我没有病人。

但到了上午，我四五个学生来了，由扎菲罗陪着，邀请我参加一场宴会，学校里所有的教授、学会的所有高级成员都是客人。我解释说我不能去，但他们认为我不愿意出席是因为他们觉得我不出席正式宴会。于是他们就说："看在您的份上，我们把宴会推迟到晚饭时间了。"

我再次申明，我绝不会接受邀请。

他们问我理由，我就把预兆和誓言告诉了他们，他们全都大吃一惊。但其中有两个人不停地交换眼神，好几次问我是不是想以拒绝参加宴会使大家扫兴。我回答说，我宁愿让大家扫兴也不愿违背誓言。

一个小时以后，他们又回来了，催我催得更为急迫。但我还是一口回绝了，说我要是根本没有决定不离开房间就好了。

然而，到了晚上，虽然是阴天，我还是去照料一位可怜的客栈老板，他生了病，我的誓言并没有禁止我出诊。

这样我还活着，在我离开帕维亚之前一直稀里糊涂。一离开这里我就明白了，那只狐狸由于发生的这一切而洋洋得意，经议事会裁决而晋升为教授。但是，可怜啊，凡人有什么希望！他讲课还不到三四次就生病了，据我听到的传闻，他病了大约三个月，然后一命呜呼。他由于犯罪而惶惶不安。我后来听说他有一个同伴是他干坏事的重要证人，在一次宴会上注定喝了毒药水。

德尔菲诺和狐狸死于同一年，菲奥拉万蒂不久以后也死了。这还不算完，甚至在博洛尼亚陷害我的那场阴谋中，也有好几个

---

① 卡尔达诺在其《补遗》第三卷第六章里，对这一事件描写得更为详尽。他还说戒指是方形的，不会滚动。†

医生遭遇到类似的命运，不过要稍微晚一些。这样一来，所有要害我的人都死了。

然而，如果天主让我受到那么多灾难的折磨，以此作为他坚持不懈地给予人类好处的条件，那么我的仇人就把这笔账结清了。另外，我还学会了与任何这一类的风险保持距离，我伯父保罗和我父亲的命运让我长了见识。保罗是中毒而死的，我父亲两次服毒，虽然保住了性命，但是牙掉完了。

前面提到的灾难刚过去，接下来又不知道发生了多少麻烦事。7月份，我在米兰的时候，我的小孙子在帕维亚生了重病，我不得不赶过去。由于旅途劳累，我病倒了，脸上生了丹毒。接着是牙痛，疼得我就要自己放血，但是刚来的一弯新月阻止了我。从新月那天起，我觉得大有好转，既逃脱了死亡的危险，也免除了治疗的痛苦。

随后，一个仆人因为一些钱而与我争吵，威胁要杀了我，我只是在他动手几个小时之前才阻止了他。这些麻烦事过后，让人痛苦的痛风又折磨了我很长时间。

从1572年起，我又遭遇不小的潜在危险，因为罗马街道对我来说差不多就是蛮荒之地，这里的行为方式非常粗野，很多医生比我还要小心翼翼，在适应这里的习俗上比我精明得多，最终还是在这里找到了死因 [①]。

因此，我发现保护我的主要是神意，不是我自己的才智，我就不再担忧自己遇到危险时的安全问题了。所有这一切，都可以说是预示着至福就要到来——一个守夜人在等待着黎明，这一点

[①] 1527年5月6日，罗马遭到波旁统帅的洗劫。在一年半之内，这座不朽之城损失了三分之二的人口。这一世纪剩下的时间用来组织重建，经教皇保罗三世、尤利乌斯三世、保罗四世、庇护四世的不懈努力，一座新城又拔地而起。然而，即便是卡尔达诺居住在这里的时候，也就是从1570年至1576年，缺乏警惕性的人也肯定会遇到很多崎岖不平的路。†

现在谁还看不出来呢？这一段时间过后，1562 年，我在博洛尼亚当上了教授，这一职务我担任了八年，是一份光荣而又有用的工作，其间又有很多干扰和苦差事，伴随着一种更愉快的生活方式。

第三十一章

幸福

幸福这一名称表示一种概念，这一概念虽然根本就不适用于我的本性，然而我碰巧也得到一部分，分享到一部分确实非常接近于幸福的东西。

首先，我认为我显然可以要求得到幸福，因为我一生中所有事件都是依照秩序出现的，像是遵守规则似的——要是凡人都有这样的命运就好了。要是情况不是这样，要是那么多事件开始得晚一点或早一点，或者说要是结局被推迟，我整个生涯就会毁掉了。

其次，我某一个阶段的幸福，只不过是与整个一生相比较而言。比如说，我住在萨科镇的时候。在巨人中间，你必定是个头最矮的；在小矮人中间，你必定是个头最高的。但巨人绝对不是小个子，小矮人也绝对不是大个子。

所以，虽然我在萨科比较幸福，但不能因此就断定我本质上是幸福的。我赌博，欣赏音乐，在乡间漫游，大吃大喝，投身于研究虽然成就不大，但从来都不担忧，既不焦虑也不恐惧。我受人尊敬，不是没有机会与威尼斯贵族成员交往。这是我一生中最美好的时期，我这一辈子从来没有过得这么愉快过，这段时间持续了五年半，从 1526 年 9 月到 1532 年 2 月。我时常与镇长交换意见，酒馆成了个王国与讲坛。现在美梦会把我带回到那些日子，这就是我以前幸福的证据，这来源于我对享受的理解，虽然那段时光早就过去了，对它的记忆也萎缩成一条细线。

　　我第三个感受比其他几个更重要。就像竭尽所能有助于得到幸福，力有未逮便心向往之一样，在我们渴望得到的所有东西中想要最好的，这样就有助于得到更多的幸福。因此，我们就有必要认识到什么在我们的掌握之中，并做出最有效的选择，选择出最有助于达到我们目的的技能——从我们非常喜爱和渴望拥有的技能中挑选出两个或三个，在对挑选这些技能的目的造成的损害，还有对其他目的造成的损害尽可能小的情况下，掌握这些技能。最后，凡是我们宣称掌握的东西，都应该掌握得最名正言顺。掌握是一码事，掌握最好的是另一码事，而以毫无争议的权利来掌握，就是完美的掌握。

　　有些人看不起这些问题，说这都是奇谈怪论，我不同意这些看法，这一点我并非不知道。但任何一个认真思考俗务毫无价值并回顾人生经历的人，都很容易明白这些问题千真万确，我们不承认都不行。但如果你还是不同意，那你就想一想，时间会让一切都显露无遗，显示出对它们的评价。我们可以举出奥古斯都、马库斯·斯考卢斯、塞涅卡和阿奇利乌斯的例子①。

　　奥古斯都当然是个运气非常好的人，大家也都认为他幸福。他现在还剩下什么呢？他的茎和干都消失不见了，还有一些纪念

----

① 马库斯·斯考卢斯：苏拉的继子，公元前 58 年在罗马以盛情款待首席行政官而闻名。塞涅卡：哲学家，尼禄的家庭教师和顾问。马尼乌斯·阿奇利乌斯·格拉布里奥：法官，公元前 70 年主持弹劾韦雷斯，公元前 67 年担任执政官，后来继承卢库勒斯，指挥与米特拉达梯的战争，其间被庞培取而代之。†

他的物品。总之，奥古斯都的一切都化为乌有，甚至包括他的遗骸。还有谁想和他扯上瓜葛呢？更别说急于和他扯上什么瓜葛了。谁还会跟一个骂他的人生气呢？即便是以其他方式对待他，对他来说又有什么关系呢？他活着的时候幸福吗？除了其他已故的同伴之外，除了经常思考、愤怒、疯狂、恐惧、谋杀带来的焦虑之外，他还拥有什么呢？他家里的吵闹不止，宫廷里也一片混乱，好朋友密谋反对他。他睡不着觉时便痛苦，睡着以后他又失去了警惕。睡眠会让人忘记尘世间的烦恼，睡意一浓，警惕性便也靠不住了。

还有马库斯·斯考卢斯——他有真正的幸福吗？他拥有巨额财富，举行公共娱乐活动，铺张摆阔，所有这些连一点影子也没有留下来。他在世时，不是经历过混乱、焦虑不安、辗转难眠吗？不是中过作家的圈套吗？别人家炫耀、讲排场、寻欢作乐，这没有让他感到痛苦吗？

阿奇利乌斯所有的资源被清除的时候，痛苦冒出来取代快乐的时候，可怕的贫穷取代财富的时候，还有什么好运气伴随着他呢？我不必费神来说明阿奇利乌斯的不幸了。昔日享受过欢乐富足之后却沦落到悲惨的境地，与这一变故相比，还有什么更能确保一个人过上完全不幸的生活呢？

塞涅卡风华正茂时情况如何？除了一个罪恶的传言之外，什么也没有保存下来。他的灵魂不可能幸福，纵然他身后跟着一帮臭烘烘的年轻人，在杉木和象牙餐桌上吃饭，在整个意大利投资坐收利润，拥有那么多花园，说到这些花园就成了个谚语。后来，他害怕尼禄手下的人投毒，不得不以面包、水果和泉水为生。在后来的一些年月里，他巨额财富中只要一小部分就够其孙子花销了，这个孙子已习惯过着奢华的生活，除此之外其他都是多余的，那些与生活无关。这一事实说明，实际上，幸福生活的基本要素任何人都不缺乏。

　　卢修斯·苏拉愚蠢的炫耀行为，还能在哪些方面进一步证实我的看法呢？马留被杀害以后，苏拉下令让人称他为菲力克斯[①]，而这时他比以往任何时候都更是一个可鄙的老人，由于杀人和剥夺人权而名誉受损，树敌众多也没有了权威，他把权威扔到一边了。因此，如果在这种情况下幸福是合情合理的，我本人没有这些污点，就更应该得到幸福了。

　　所以，让我们愉快地生活吧，尽管尘世间没有永久的快乐，尘世的本质就是转瞬即逝、没有意义、空虚无聊。但如果有任何好东西可用来装饰人生舞台的话，我们就不会被人骗走这些了——休息，宁静，谦虚，自制，整洁，变化，乐趣，娱乐，社交，节制，睡觉，食物，饮品，骑马，乘船航行，散步，了解最近发生的事件，沉思，冥想，教育，虔诚，婚姻，宴会，忆起以前把事情处理得井然有序而得到的满足，干净，水，火，听音乐，环顾四周，谈话，故事，历史，自由，节欲，小鸟，小狗，猫，死亡的慰藉，时间的正常流逝，命运，时运，无论是对于不幸者还是有幸者，都是一样。对于没有任何希望的事物，怀着希望有好处。从事自己熟悉的艺术活动有好处。用心审视自然界的各种变化有好处，认真思考巨大的地球有好处。

　　如此说来，好事这么多，智慧也这么多，宇宙中充满了希望，其中恶又是什么呢？实际上我们生活得并不是不幸福。除非人类的普遍状况与此有矛盾，否则我就敢断言有足够的幸福，但一种不适当的无用计划，可以诱导人产生一种虚假的期待。

　　如果让我自由选择地点，我就会把住所搬到阿奎莱亚或韦内雷港，那里是宜居之地。要是在意大利之外，我就选择西西里的

[①]　意思是"幸运的""幸福的"。‡

埃瑞克斯，或德鲁迪斯河畔的迪耶普 ①，或塞萨利的坦佩河谷。我
年纪大了去不了昔兰尼海岸，也去不了朱迪亚的锡安山，那里太
远了。我也不想去寻找印度附近的锡兰岛了。这些地区可以养育
幸福的人，但不能让人幸福。

---

① 卡尔达诺如果指的是迪耶普——尽管很难说为什么是迪耶普——其地理位置就
  错了。迪耶普附近的阿尔克显然从来都不叫德鲁迪斯。†

第三十二章

获得的荣誉

对于荣誉，我既不渴望，也不是一点不想，但也不是非常喜爱，因为我知道荣誉给人生带来了多少痛苦。愤怒危害很大，但会消失，大灾大难却没有尽头。首先，我们逃避辛勤努力的时候，追求荣誉的热情会让资源逐渐枯竭；挥霍钱财购买衣服、举行豪华宴会、养着一大帮仆人的时候，就把剩余的收获机会也耗尽了。另外，追求荣誉的热情把我们推到死亡的边缘，其方式多得数不过来，比如决斗，战争、争吵、不光彩的诉讼、鞍前马后侍奉君主、不合礼节的宴会、与妻子或女人睡觉等。

我们向大海挑战，宣称为祖国而战是件光荣的事。战死沙场是布鲁图家族的特点，斯凯沃拉烧了自己的右手，法布里修斯拒绝了贿赂①。拒绝贿赂也许是审慎行为，其他则是愚蠢行为，我就不说是疯狂行为了。

---

① 指布鲁图家族几个成员的辉煌纪录。参见《卢修斯·朱尼厄斯·布鲁图传奇》。盖乌斯·穆裘斯·斯凯沃拉当着国王波尔塞纳的面，在火里烧自己的右手，因为意志坚定而被国王释放。盖乌斯·法布里修斯，人称卢辛努斯，公元前281年受罗马元老院委派，到国王皮拉斯那里担任使节协商条款。据说皮拉斯试图以大笔钱财贿赂法布里修斯，法布里修斯虽然穷，但还是断然拒绝了。†

一个人没有什么理由吹嘘自己的国家。你的国家是什么？不外乎一帮卑鄙的专制统治者压迫弱者、胆小者和那些普遍都是清白无辜的人。我指的尤其是罗马人、迦太基人、斯巴达人、雅典人，这些人没有节操但很富有，他们想以这样一份协议为借口，骑在诚实的人和穷人头上作威作福。无耻的人啊！你肯定不会认为这些人不吝惜生命，渴望着为了荣誉而以身殉国！

另一方面，可怜的乡下人会这样想："哎呀，还有什么状况比我的更悲惨！但我要是能在斗争中侥幸活下来，就可以跻身国家领导人之列，甚至像这个人或那个人一样，可以占有别人的财产。不错，甚至就像有些人要占有我的财产一样。我要是死了，我的子孙后代就会受到邀请，放下犁子去坐马车，出尽风头！"

这就是他对祖国的热爱，对荣誉的追求！

我这样说并不是想指责那些为公民自由而战的城市，也不是想指责一些君主，这些君主行使统治权的唯一目的就是确保公正，鼓励善良的人，减轻穷人的负担，培养人的美德，让自己的亲戚改过自新，限制大权在握的人。一个城邦想拥有领土并不丢人，公民们想努力赶上其他城邦的人也不是罪过。维护秩序就需要控制，缺乏公正就会导致专制者横行。

但我们还是回到平常的话题，因为我刚才谈论的事情，没有几个人真正懂得。追求荣誉占用了时间，那么多人说话我们都得洗耳恭听，那么多人打招呼我们都得回应。追求荣誉的欲望侵蚀了我们对智慧的追求，而智慧是人的一个天赋。有多少人正过着没有收益的日子啊——都是些心不在焉的围观者！他们要是把每天花在梳妆打扮上的两个小时用来学习，两三年以后就可以成为某一学科的权威！不过这一琐事是对尊贵者的奖赏，这是他们的尊严！

荣誉也同样会妨碍对家庭的引导，妨碍对儿子的教育——还有更愚蠢的事吗？荣誉让我们妒忌，由妒忌产生仇恨和竞争，由此又产生人们眼中的坏名声、玷污、指责、死亡、财产损失、报应。这些灾难出现以后，我们即便没有失去全部自由，也失去了大部分自由。（如果你想随波逐流）我们就会失去生活中剩下的所有好的东西——酒色享乐。沿着这条路走下去，在荣誉的保护下，就陷入最危险的灾祸——胆小怕事。厚颜无耻的年轻人走上这条路，就会危及家庭的完整，把家庭给毁了。

　　凡是人们称之为好的东西，都具有好的本质，除了野心之外。无论是现在还是将来，儿子抱有继承的希望，友谊在幸福中也占有不小的份额，资源保障我们生活的舒适，美德为我们在不幸时提供安慰、在幸福时让我们享有荣誉，社团与行会是巨大的安全保障。这样一来，我们应该极力避免晋升永久高位吗？还想逃避晋升吗？

　　肯定不会！第一，荣誉会增加一个人的财富、权力和利益，比如说官员、医生、画家和各种艺术家，所以人们常说荣誉哺育艺术。第二，荣誉头衔可以解除一个人的危险，就像行会或社团尽力维护一些人的利益一样，这些人在辛勤劳作时遭受到恶毒的攻击、诽谤和诬告。第三，荣誉地位可以增加权力，尤其是军人和一些地方行政官员，这些人的晋升，如他们所说，取决于先担任助理职务，然后再逐级升迁。一般来说，一个体面的职位使人增加威严，也可以弥补不光彩行为造成的损失。与荣誉相比，不光彩行为显得更为不合体统。另外，体面的职位使人增加威严是因占据职位的人处于有利位置，这一位置伴随着与荣誉有关的境况，而且当一个人处在不熟悉的环境时，荣誉对他有好处。第四，一个人可以偶尔让荣誉代替才能做事，而且这不会费多大事。

　　在这类好事上，运气并无怨恨：像是预言我的命运似的，我在有运气的地方一露面，我掌握了一些拉丁语之后，很多人就为我指派了些男仆，和我套近乎。我在整个城市一举成名。后来我去了帕维亚，很多人自愿和我交朋友。出现了一个机会，我要是抓住这个机会的话，迟早都会开辟出一条晋升的道路，由教皇庇护四世提拔我。我在辩论上取得了不错的成绩，马泰奥·科尔蒂为了荣誉向我发出挑战。我担任数学教授只有一年，因为在1536年学校被解散了，我便被教皇保罗三世召去。1546年，我在帕维亚讲授数学（包括几何学、算术、占星术、工程学）两年以后，由了不起的枢机主教莫罗内牵线，出现了一个到罗马讲课的机会，并且由教皇本人支付报酬。

第二年，通过安德烈·维萨里和丹麦大使牵线，有人提议给我年薪三百金克朗，并且用匈牙利货币支付，另外还有六百的税款，来自对贵重毛皮征的税。这六百的税款与王家货币相差八分之一，征收得更慢一些，甚至不能按票面价值兑换，便有几分风险。这些年薪包括我自己的生活费，还要养活五个男仆和三匹马。第三个邀请来自苏格兰。我不好意思说出提供报酬的数额，但几年以后那足以让我成为非常富有的人，我这样说也就够了。

第一个邀请我拒绝了，因为那个地方气候格外冷，也格外潮湿，当地人也显然没有教养，其宗教仪式、教义与罗马教会大不一样。第二个邀请我也拒绝了，因为不允许通过经纪人和信使到英格兰兑换货币，更不用说到法兰西和意大利兑换了。这些发生在1552年8月。

到了10月，布瓦多芬亲王和法兰西国王 [1] 密使维兰德来找我，提议每年给我八百金克朗。就像常言道，唯一的条件是我愿意吻国王的手，然后马上离开 [2]。他们在条件中加了一条沉重的链子作

---

[1] 亨利二世，当时正与皇帝查理五世交战。†
[2] 当时卡尔达诺正在英格兰宫廷访问，双方没有达成协议。国王的手是指爱德华六世的手。†

为补偿，它的价值为五百金克朗。还有皇帝的代理人来恳求我，当时皇帝正在围攻梅斯。对于这两拨人，我不愿意和其中任何一拨达成协议。拒绝第一拨是因为我不应该离开我主子的领地，转而去效忠他的敌人。拒绝第二拨是因为我知道接受这一职务困难太大——由于又冷又饿，皇帝已经损失了大部分人马。

我从安特卫普到巴塞尔的时候，著名的卡罗洛·阿菲达托邀请我住进了他的乡间别墅，还违背我的意愿，想尽办法送给我一头漂亮的骡子，其价值差不多超过一百克朗。阿菲达托是个非常有教养的绅士，非常慷慨，喜爱以品德高尚而著称的人。

在这一趟旅行中，一个热那亚贵族埃泽林送给我一匹阿斯图里亚斯骑乘马，这种马在英语里叫作"Obin"[1]。我出于谨慎而没有接受这份礼物，要不然我就接受了，因为根据我的鉴赏力，没有比它更漂亮、更有派头的马了，上下全白，体型优美。而且有两匹马一模一样，埃泽林给的是我选中的那一匹。

第二年，贵族费兰特阁下（大家都这样称呼他）[2]给我提供了三万金克朗酬金，让我终生效力于他兄弟曼托瓦领主，他们都这样称呼这位公爵。第一天他们就准备支付一千克朗，另外还有其他东西，但我不愿意接受。费兰特阁下很不高兴地吃了一惊。按照他的标准，他觉得他来见我且提出这样的条件已经够体面了，所以更加不高兴了，但在我看来并不是这样。他劝了半天也没有用，便威胁起来。最后他开始明白我就像貂一样，宁死也不愿被玷污，从此以后他就更加尊重我了，有雅量的人通常都有这个特点。

第六个晋升机会发生在1552年，这次机会来自总督布里萨克，他受到我的那位著名的老乡洛多维科·比拉格的影响，想尽

---

[1]　莫利怀疑卡尔达诺是指"Dobbin"，也就是老马。†
[2]　当时为米兰总督。†

各种办法诱导我。然而其他找我效力的人来劝我是希望我当医生，布里萨克则是想让我当技师，但这和我的愿望相差甚远。

在我结束这个话题之前，我想说明一下为什么苏格兰国王那么穷，却要给我那么丰厚的报酬，据说他年收入不超过四万金克朗。他们说多达一万四千位效忠于国王的酋长——不过我认为没有那么多——一经召唤就必须集合到军营里，为期三个月。其中如果有人死亡，国王就成为其儿子的监护人——这是个古老的习俗，国王要根据这个习俗承担这一职责——直到其长子年满二十一岁或完全成年。在此期间，除了生活费和添置衣服之外，所有收入都是监护人的，并且任何账单都不报送，因为他们的地位比国王低。另外，无论受监护人是男还是女，监护人都有权利为被监护人缔结婚约，其对象是监护人相中的任何人，唯一的条件是这一结婚对象也必须是贵族出身。被监护人在接受嫁妆时，不得不放弃自己提出的条件，同时接受国王提出的条件，因为国王是监护人。

现在言归正传。我三次被聘到帕维亚，四次被米兰议事会聘用，三次被博洛尼亚议事会聘用，不过最后一次雇用并没有得到好处。

我从苏格兰返回的时候，四十个有身份的人在巴黎等我，希望了解一些我的医疗方法，其中一个人自愿拿出一千克朗。但我几乎不能离开法兰西，实际上是不敢走①。关于这件事，有一位叫艾马尔·兰科奈特的巴黎高官写给我一封信，我在其他地方提到过他，他是一个精通古典文化的人。我从法兰西到德意志的时候，无论走到哪里都受到欢迎，就像很久以前柏拉图在奥林匹克运动会上一样。

---

① 卡尔达诺是皇帝的臣民，而皇帝当时正与法兰西交战。†

　　我已经提到过帕多瓦学院的证书，也向地方行政官再次提到这份证书。我在威尼斯也得到一个类似的荣誉证书，但是只有全票通过才能得到这一荣誉。总共有六十张票，他们全都投给了我[1]！博洛尼亚学院议事会选举我的时候，我运气也很好。有二十九张票，我得到二十七票，要是以二十五票的微小差额，我就当选不上了。我成功的消息不仅人人皆知，而且连全世界的各个君主、国王和皇帝，也都知道了我的名字。

　　说这话好像太愚蠢、太自负，但这是无可否认的：即便其中某一个荣誉可以忽略不计，但所有这些荣誉加起来也是不可小视的——知道很多信息，旅行，熟悉危险，我担任过的职务，晋升我的提议，君主的友谊，我的声誉，我的书，难得的治愈的病例，除了其他境况之外神奇预测的特点，还有守护我的精灵[2]，凭借一闪而过的直觉来领悟的能力。

　　我是米兰、帕维亚、罗马三个医生协会的成员。另外，在所有这些荣誉中，没有一个是我求来的，我连一句求人的话也没有说过。我加入米兰医生协会是个例外，那是 1539 年 8 月底，经过选举准许我加入的，还有一次是我在博洛尼亚大学担任教授时。这两次我是出于无奈，不是受到野心的驱使。博洛尼亚议事会也授予了我公民身份的殊荣。

　　总的来说，就像我在前面说过的那样，对凡人来说追求荣誉的欲望是一种会激发灾难的野心。但由于我正在探讨荣誉问题，请允许我说我得到的荣誉不仅还有更多，甚至比我希望的还要多得多，比如说那个头衔"发明家"[3]。但我们接下来还是说说羞辱吧。

---

① 在帕多瓦和威尼斯，这会是什么荣誉证书呢？我一直没有查到。†
② 对这一精灵，第四十七章有详细描述，卡尔达诺声称这　精灵守护着他。†
③ 卡尔达诺在第四十八章里，安德烈·阿尔恰蒂时常称他为"发明家"。那可能是个外号。†

第三十三章

羞辱。梦在何处？燕子是我的纹章

　　解释羞辱问题，应该与解释荣誉问题用词大不相同，比如说，大多数人逃避升迁比较好。事实上，大家一致认为容忍侮辱对任何人都没有好处，甚至不值得被尊重。有句老话说："容忍以前的侮辱，又会招来新的侮辱。"

　　一个人允许侮辱时，其事业就会遭到打击和毁灭，成为无关紧要的东西。这并不是人在早年所关心的事，少年时期不容易受到侮辱，尤其是如果你接受贺拉斯的观念，这一观念涉及父母在教育子女中所起的作用：

　　　　我父亲本人是个真正的、忠实的监护人，甚至当着我老师的面支持我……①

　　我在前面说过，容忍羞辱和卑鄙的行为，首先会让荣誉造成的各种伤害变得更为严重。男人在与女人打交道时，尤其会这样

――――――――――――

① 贺拉斯，《闲谈集》第一部，6，81。†

做。实际上羞辱和荣誉都是两面派，人如果依赖表面上的荣誉，其命运必定是悲惨的。不过在内心深处，他的运气会被可耻行为摧毁，他会得到傻瓜或民众的夸奖，而优秀的人会厌恶他，狂妄的人会嘲笑他。

与此相反，不显眼的人得到的社会的尊重很少，如果他们愿意的话，只要满足于现状，也会过上平平安安的日子。那些受人冷落、内外都得不到荣誉的人，就像我们中间的劳工和农夫，如果是在公正的君主统治之下，尤其是联合起来组成社团的话，日子就会过得红红火火。那些既得到内在荣誉又得到外在荣誉的人，知道遭人诽谤的痛苦，也知道阴谋诡计的厉害，这样的人面临遭到指控的巨大危险。受到公开审判倒不至于，因为人都害怕得罪享有殊荣的人，害怕因此而树敌招怨，性命受到威胁。

在博洛尼亚时，我在工资问题上还没达成协议，夜里有两三个人来找我，以议事会成员和法官的名义，邀请我在一份请愿书上签名，要求释放一个已经被城市治安官和主教宣布有罪的女人，这个女人被控诉不虔诚、玩巫术或使用魔法。他们想说服我，就向我解释说依照哲学家的说法并没有恶魔。他们还想让我下令从监狱里释放另一个女人，这个女人还没有得到法官的判决，理由是她病得快死了，医生正在为她治疗。除此之外，他们还拿出来好几包算命天宫图，要我对这些图表个态，好像我是个占卜者或预言家，不是个医学教授。不过这几个人瞎掰了半天一无所获，只落得让我感到讨厌。

先说说我十二岁的时候，燃放了一颗装满火药的焰火弹，包裹焰火弹的一张纸片伤到了一位音乐家体面的妻子，我下巴狠狠地挨了一拳，打得我晕头转向。

有一次，我在米兰参加了一场辩论，我的说服力不强，结果没有得到多少赞扬。在 1536 年也可能是 1537 年，一些医生蛮不讲理，我被迫与医生协会达成了很不光彩的认证协议。但就像我在其他地方解释的那样，过了一段时间，也就是在 1539 年，这份协议被撤销了，又恢复了我所有的权利。

1536 年，我在博罗梅家担任巡诊医生。某天一大早，我做了个梦，梦见一条巨蛇，我怕被蛇吞下去。不久以后，来了一个信差，要请我去为伯爵卡米洛·博罗梅奥的儿子看病，人们都这样称呼他，是位有名望有地位的人。

我去了伯爵家。那孩子七岁，看样子是有点小病，但据我观察，他的脉搏每跳三次就停跳一次，很有规律。他的母亲、伯爵夫人科罗纳问我孩子病情如何。我回答说，他好像只有一点低烧，但由于脉搏每跳三次就停一次，我也说不准到底是怎么回事。当时我还没有盖伦的有关脉象分析的书。

这孩子的所有症状一连三天都没有变化，因此我就吩咐让他喝小剂量的药，这种药叫作"印度喇叭花"。我开好了处方，信差已经上路去药店了，这时我想起了那个梦。

"根据显示出来的症状，"我问我自己，"我怎么知道这孩子会不会死呢？"后来得到盖伦的书以后，知道了原来就是会死。"那些会诊医生恨我恨得要命，会把孩子的死亡归咎于这种药。"

我把信差喊了回来，他出了房门还不到四步。我说还缺一样配料，我想添加到处方上。我小心翼翼地把刚才开的药方撕掉，又开了一张处方，上面有珍珠、独角兽角①和燕子宝石。

药散服下去了，那孩子呕吐了，在场所有的人都知道他病情严重。三个主要医生被叫来，其中一个没有其他两个固执——这

----

① 关于独角兽角，参见菲利普·索恩的《动物寓言集》，其中有对独角兽适当的赞美。托马斯·布朗爵士在其《庸俗的错误》第三卷第 23 页，谈到独角兽角可疑的优点。(†) 传说独角兽角具有解毒功能。独角兽只是传说中的动物，实际上并不存在。当时药店里出售的独角兽角，一些王公贵族收藏的独角兽角，还有可制成酒杯等器物的独角兽角，可能是犀牛角或一角鲸的牙。(‡)

人是斯芬德拉蒂的儿子生病时在场的那个人。他们看了对药物的描述，问道："你是怎么治疗的？"

其中两个人虽然特别恨我，但因为天主不愿意让我再受到攻击，所以他俩不仅夸我的药好，而且还吩咐继续服用。这样一来我得救了。晚上我来看望病人后，全都明白了。第二天早上，天一亮，我又被叫去了。我看见那孩子在最后的痛苦中挣扎，他的父亲流着眼泪。

"看看他，"父亲大声说道，"你说他病情并不严重。"好像我这样说过似的！"起码你不能离开，只要他还活着！"

我答应留下来。于是我发现，父亲正受到两个贵族的控制，他大叫着想起身，他们不让他起来，他不停地说都怪我。还有什么呢？药方上要是提到"印度喇叭花"，那我就全完了，这种药实在不安全。只要那人还活着，他就会毫不留情地责骂我，这样就没有一个人会找我看病了，就像卡尼迪亚往我身上喷了毒气一样[1]。

我就这样逃过一死，我的损失从羞辱转变为热情，免得将来我会后悔。

那场梦，还有前面提到的其他事件，我不会相信是偶然发生的，显然应该把它们看作一个警告。一个灵魂虔诚的人，一个多次受苦受难的人，一个天主不愿意抛弃的人，应该把它们看作警告。虽然这梦中的幻象[2]与时机相吻合，但是这件事让我兴奋不已：圣坞丽业－波多内广场上有一座房子，完全用绘制的蛇装饰，模仿绘有蝰蛇的饰章，就像博罗梅家族古老的纹章一样。

---

① "就像卡尼迪亚对着整个物品，用嘴喷了毒气一样。"（贺拉斯，《闲谈集》第二部 8，95）卡尔达诺在引用时，把"整个物品"换成了"我"。†

② 基督教术语，指虔诚的教徒在睡梦中、昏睡状态中或狂喜状态中所看到的景象，通常比梦中看到的景象清晰，常与对未来的预言有关。中世纪文献中常有关于幻象的描写。‡

我们卡尔达诺家的饰章是一座红城堡，上面有塔楼，但中央的高炮塔是黑色的，整个城堡以白色为背景，这样炮塔就与卡斯蒂廖内家族的区分开了，他们家大名鼎鼎，需要一座有围墙的城，还有一头狮子。因此，皇帝就在卡尔达诺家族的纹章上增添了一只鹰，除了嘴之外全是黑色，在金黄底色上展翅翱翔。

我们家族的一些支派把鹰绘成一个头的，其他支派绘成双头或分裂开的头。同样，我们家族的一些成员把两片底色都绘成金黄色，其他成员则依照惯例，把鹰的背景绘成金黄色，把城堡背景绘成白色。但我从入狱那天起，就在自己的图章上增添了一只燕子的形象，在一座谷仓的屋檐下鸣叫。

由于颜色五彩缤纷，重现这些标志变成了一件最困难的事。我之所以选择燕子，是以一种最特殊的方式与我的本性相协调：燕子对人无害，不回避与卑贱者交往，一直与人接触但不与人亲昵。燕子经常飞来飞去而更换巢穴，出双入对而非独来独往，但它们不喜欢与其他燕子群集。燕子用叫声来取悦主人，忍受不了笼子。只有燕子，如果足够小的话，眼睛被挖出来以后还会再长出来。燕子肚子里长一些精致的宝石[1]。燕子非常喜爱天空的宁静和温暖，筑巢技术极为娴熟，在所有鸟类中仅次于翠鸟。燕子虽然胸脯和翅膀内侧是白的，但外面是黑的。燕子总是回到一个好客的家，像是感激和惦记似的。没有其他鸟追捕燕子，甚至猛禽也不追捕。在飞行速度上，没有一种鸟能超过燕子，更不可能赶上燕子[2]。

现在言归正传。在萨科镇，有两次我想给别人治病，但结果却非常糟糕。镇里有一个女人名叫里戈纳，我在第六天从她脚上

[1] "据说无论是谁毁坏了小蛇和小燕子的眼睛，它们都会再长出来。""小燕子嗉囊里可以见到一些小石子，呈白色或红色，人称燕子宝石。"（普林尼，《自然史》第十一卷）†

[2] 原文如此。这句话说颠倒了，应该是"没有一种鸟能赶上燕子，更不可能超过燕子"。‡

放血，结果第七天她就死了。还有一个病人更是个可怜的人，人称教会的保护神，习惯敲钟。如果我没有记错的话，我给他开了药之后，当天夜里他就死了。这两个病人的死因一样：每个人所害的病都是一种我不知道的病。实际上我到了身败名裂的边缘，再严重一点的话，我就会垮掉，我整个事业就毁了，包括公私两个方面。

维尼亚诺在死之前的情况也很不幸，为此他不让我给他治，尽管经过我一番努力，他家里有九口人恢复了健康。

我行医五十一年中，共有三次犯错误。盖伦并不是每次犯错误都会自责，理由是责备并不能减轻错误。因此，我从来没有在大庭广众面前丢人现眼。当然，偶尔也有人指责，但没有证据，尤其是在米兰、博洛尼亚——仅此而已，而且我相信在米兰，他们也不会对一个老乡如此无礼。在帕维亚却完全不是这回事，虽然我确实是这个城市的公民，我就出生在这里，并在这里找到了住所。

就像发烧确实可以终止某些疾病，这让发烧的人免于死亡，这些人不可能用其他办法把病治好，根据希波克拉底在其《格言》里的教诲①；同样的道理，监狱让那些喊叫着我犯了那么多罪的人闭住了嘴，把一切都一笔勾销，没有出现一点猜疑来揭示妒忌会有多么大的力量。

你们这些医生：我怎么招惹你们了？此后他们的臭名，他们所有的辱骂，到这件事就结束了，他们本希望以这件事为开端。

但我们先把这些有关恶名和不光彩行为的高谈阔论放在一边，在我们这个时代，这些高谈阔论主要与女人的丑闻有关，与男人的丑闻关系不大。

博洛尼亚曾流传一篇以我的名义写的对话，题目叫《黑色实

---

① 卡尔达诺也许想到了下面这句格言："伴随着肝脏疾病痛苦的发烧可以止痛。"†

践的智慧》，也就是以深奥、黑知识的名义，这不是显而易见的胡编乱造吗？编造得那么粗糙，这样的出版是那么不幸，这样做本身就说明编造者啥也不懂，无论是白知识还是黑知识！结果出版商自己不得不把作品销毁。

还是回头说说我自己的家乡吧，我在这里申请担任圣安布罗斯医院的专业护理，但遭到拒绝。这个职位提供的年薪是七克朗，不到八克朗。如果我没有记错的话，这事发生在我三十七岁那年。早在此之前，我二十九岁那年，我就失败过一次，试图在卡拉瓦乔村或卡拉瓦乔镇获得行医资格但没有成功。这里年收入不到八十克朗——而这是普通的马挣的钱！

在马真塔，我已经签订了一份协议。规定的报酬大约是五十五克朗，但就在安顿下来的前夕，我退缩了，勉强逃脱烂在那里的命运，更不用说老在那里了。

另外，我二十九岁那年，虽然有一些朋友愿意替我斡旋，我还是没有接受在巴萨诺的医生职位，这里的年收入达到一百克朗。这个镇位于帕多瓦地区。

切萨雷·林乔是我们国家第一流的医学家之一，我听从了他无私而又有用的建议，愿意以年薪十二克朗的报酬行医，那地方在诺瓦拉地区的一个村庄，距离我们米兰市五十英里！

如果我说我在萨科村的年收入是零，而且坚持了五年，你就不会感到吃惊了。另外，詹彼得罗·波科贝罗在莫扎泰得到的遗赠是大约每年二十克朗，詹彼得罗·阿尔布齐奥在加拉拉泰得到的遗赠也是大约每年二十克朗。这是因为想得到遗产而结婚的结果，不过他们二人都没有再婚，第一个妻子都比他们活得时间长。

第三十四章

我的老师

我很小的时候，父亲就教我算术的基础知识，大约在这个时候我掌握了算术的奥秘。但这些学问他是从哪里学到的？我不知道。这是我大约九岁那年。不久之后，他教我阿拉伯占星术原理，同时试图向我逐步传授一些记忆理论体系，因为我的记忆力天生差。我十二岁以后，他教我欧几里得前六卷，但教的方法很特别，凡是我自己能弄明白的地方，他就不再花费力气了。

这些知识我根本没有上学就学会了，我也不懂拉丁语①。

我将近二十岁时才进入帕维亚大学。我二十一岁那年年底，与科尔蒂举行公开辩论，他是医学系的领头人之一，屈尊与我辩论是赏给我面子，我自己连想都不敢想。我听了布兰达·波罗的哲学课，有时候听诺瓦拉的佛朗切斯科·泰戈讲课。

1524年，我又一次在帕多瓦听科尔蒂讲课，听梅莫里亚讲医学课。在此期间，我见到了吉罗拉莫·阿科罗博内，据说他是行医教授，教师队伍中还有托塞托·莫莫和一个著名西班牙哲学家。

---

① 卡尔达诺小时候虽然也懂一点拉丁语，但直到十九岁或二十岁，才学会用拉丁语写作。†

第三十五章

受监护人与学生

我第一个学生是安布罗焦·比焦格罗，他后来成为埃皮达鲁斯一条船上的领航员，是一个又聪明又勇敢的人。

第二个学生是博洛尼亚的洛多维科·法拉利[①]，他后来成为米兰和他自己城市的数学教授，他年轻时就极为博学，在我所有学生中算是出类拔萃的一类。

詹巴蒂斯塔·博斯卡诺是第三个学生，他成为皇帝查理五世议事会的请愿书接收员。

第四个学生是加斯帕罗·卡尔达诺，另一个加斯帕罗的孙子，后一个加斯帕罗是我亲戚。这个年轻人当上了医生，在罗马公开讲授医学。

第五个学生是法布里齐奥·博齐，掌管都灵地区的民兵，虽然他被认为是个米兰人。

[①] 要了解这个年轻人生涯中的浪漫故事及其真正的意大利特色，请参阅莫利的《卡尔达诺传》（第二卷，第 265–269 页）。卡尔达诺本人也简要描述了这个年轻人的生平，1663 年首次被收入《作品大全》并获得出版，这些可以在第九卷中见到，阿尔恰蒂传也在其中。†

朱塞皮·阿玛蒂，我们省长的私人秘书，是第六个学生。

第七个是克里斯托费罗·萨科，被任命为公证员。

第八个学生埃尔科莱·维斯孔蒂，是一个可爱迷人的年轻人，也是个音乐家。

我第九个学生是帕维亚的贝内代托·卡塔内伊，他从事法学工作。

第十个是詹保罗·欧福米亚，是位音乐家，非常博学的一个人。

第十一个是博洛尼亚的鲁道夫·塞尔瓦蒂科，后来他当上了医生，就在我写这些文字的时候，他正在罗马行医。

我的第十二个学生是朱利奥·波佐，博洛尼亚本地人，只有他一个人没有履行协议。

第十三个是卡米洛·扎诺里尼，也是博洛尼亚人，也是个音乐家，当上了公证员，是个举止特别优雅的人。

卡拉布里亚的奥塔维奥·皮蒂是我的第十四个学生，现在和我在一起。

所有这些学生中，最优秀的是第二个学生、第四个学生和第十一个学生。不过前两个英年早逝，第二个学生死于四十三岁，第四个学生死时还不到四十岁。

> 对于一个抛弃了克制的人来说，
> 生命短暂，高龄罕见；
> 恳求所有珍爱生命的人，
> 不要吃得过饱。

第三十六章

我的遗嘱

到今天为止，我起草了多份遗嘱，今天是 1576 年 10 月 1 日[①]。最后一份是遵照雅各布·马切利和托马索·巴尔别里的建议起草的，他俩都是博洛尼亚人。其他遗嘱我是在米兰起草的，巴尔托洛梅奥·索尔马诺、吉罗拉莫·阿玛蒂、詹贾科莫·克里韦利都是我的顾问。现在我决定再起草一份——最后一份，但我增补了附录。

第一条：如果可能的话，最重要的是我要把财产传给儿子。但我小儿子表现出很多恶习，所以我宁愿把所有一切都传给孙子，也就是我长子的儿子。

第二条：我所有的后裔都要由监护人照料，只要这是可行的，其理由只有我自己知道。

第三条：我的财产要限定继承，如果我的子孙无法继承，我希望把财产传给亲戚，只要有可能，总体上永远如此。

第四条：我的书要收集起来出版，这样它们会对人类有用，

---

① 原文如此，但卡尔达诺死于 1576 年 9 月 20 日。†

这也是我写作这些书的意图。

　　第五条：位于博洛尼亚的房子一旦无人继承，将成为一座学院献给卡尔达诺家族，不过没有任何直接继承权的继承人，都要采用家族的姓氏。

　　第六条是增补的，授权根据出现的任何情况做出必要的修改。

第三十七章

天生的怪癖，奇迹和梦

可以这么说，我天生反常的第一个证据是出生时头发又长又黑，还打着卷儿。当然，这并不是超自然现象，但还是充满不祥之兆。更不同寻常的是，我来到这个世界时，差一点窒息而死。

第二个不同寻常的迹象出现在我四岁那年，持续了大约三年。遵照父亲的命令，我静静地躺到了三点。我在床上醒着，等待着惯常的报时钟声响起，想象着神灵显现，度过一段愉快的时光。我在游戏时从来没有失败过，期待也从来没有落空过。

可以说我时常看到各种虚无缥缈的景象。这些景象像是由非常小的圆环组成的，就像组成锁子甲的圆环那样——虽然那时我还没有见过连接起来的胸甲。这些形象从我的床右下角出现，以半圆形状向上移动，轻轻地落到左边，马上就消失了。这些形象有城堡，有房屋，有动物，有马和骑手，有植物和树，有乐器，有剧场。还有穿着各式服装的人，有吹笛手，甚至拿着笛子随时准备吹奏，但任何声音也听不到。

除了这些幻象之外，我还看到了士兵、成群结队的人、田野，还有形状像是尸体一样的东西，到现在想起来还感到厌恶。有树丛、森林和其他影影绰绰的东西，我现在已经想不起来了。有时候我能看见无数乱七八糟的东西一闪而过，看得头晕眼花，这些东西本身并不乱，但速度奇快。另外，这些东西是透明的，但透明程度还不算太高，看上去还像有东西，也不算太稠密，目光还能穿过去。小圆环倒是不透明，而空隙是透明的。

看到这些幻象，我感到非常高兴，目不转睛地盯着这些奇观。有一次，姨妈问我看到什么了。我虽然还小，但心里盘算着："我要是说出来，她会不高兴，无论这些东西为什么会飞过，她会把我的幻象盛宴毁掉的。"

连各种各样的花，四脚兽，各种鸟，也都出现在我看到的幻象里，但所有这些精美的东西都没有颜色，因为这些东西都是空气构成的。

我这个人无论是在年轻时还是年老时，都不喜欢说假话，所以就站在那里，老半天没有回答。

姨妈就追问道："你全神贯注地看，到底看的是啥？"

我是如何回答的，我已经想不起来了，好像是说"啥也没有看见"。

我第三个离奇之处，是这一段时间的幻象过去之后，在天亮之前，我从膝盖以下，几乎不能感受到任何温暖的感觉。

第四个是沉睡一阵子之后，我马上发现自己大汗淋漓。

第五个怪癖的证据是，我经常梦见一只公鸡，我怕它用人声和我说话，后来它真的用人声和我说话了。另外，这只鸡说的话大部分都是吓唬人的，可我听它说了那么多次，却什么也没有记住。还有一只公鸡长着深红色羽毛，鸡冠和颔下的垂肉也是深红色，我相信我在梦里见过它一百多次。

这些事件过后，我到了成年时期，这些幻象虽然不再出现了，但其他两个幻象我差不多经常看到，甚至现在也会偶尔出现。当然，我写了《问题集》一书，通常和朋友们一起讨论这些幻象，其中有一个就不再经常显现了，也就是不像我抬头看天上，就能经常看见月亮那样了。说实话，我好像看见它就在我前面，正对着我，其原因我已经在刚才提到的专著里解释过了。

还有一件怪事如下：我偶然发现，我只要参与打架，就不会有人流血，也没有人受伤。这样我就故意参与几场打斗和骚乱，结果参与者没有一个人受伤！有一次，我参加打猎，没有一只野兽受伤，既没有被狩猎长矛扎伤，也没有被狗咬伤。我每次陪着别人去打猎都会考虑这件事——不过次数还是不够多，这是肯定的——每一次我都能展示这一能耐。

有一次，我甚至参加了伊斯顿亲王的打猎团队，到维杰瓦诺去打猎，一只野兔累得跑不动了，虽然让狗衔了回来，但身上没有发现一个伤口，在场的人无不惊讶。

这可以称为我的特殊能耐。只有在自愿放血和公开处斩的情况下，我才无能为力。

有一次，在米兰大教堂的拱道里，几个仇人把一个人摔到地上，让他受了一些伤，其中一个仇人猛地推了他一下，他便大叫一声。但这几个仇人一跑，这个受害者马上就站起来追他们，所以我无法断定最后那一推是不是伤到他了。

第八件怪事是，无论在何种情况下，虽然身边无人相助，我总是能自己脱身。这事虽然并不稀奇，但同样的情况一而再再而三地出现，就不能说是正常了。就算在梦中看见那只公鸡的幻象属于正常情况，但以同样方式反复看见，就肯定可以名正言顺地称之为奇迹。

同样，玩掷骰子游戏的时候掷了个三点，这时赌注下得大，或拿某一笔交易做赌注，这都是正常现象。可以这样认为，如果再掷一次的话，即便是第二次也出现相同的情况。要是第三次、第四次还是同样的情况，一个精明的人肯定就有理由怀疑了。

一个圆满结局也是这样，在所有希望都放弃之后，出现了一个有利的转机，就像破晓一样，这必定完全是天意。为了证明这一点，我讲两件事，足以说明这个问题。

1542 年夏天，我像往常那样，每天都去安东尼奥·维柯梅尔卡蒂家，在他家里玩一整天的棋，他是我们城里的一个贵族。另外，我们赢一盘棋可以得到一至三个雷阿尔 ①，由于我老是赢，每天可以拿走差不多一个金克朗，有时候多一点，偶尔也会少一点。他这样输了钱会欣然接受，而我既喜欢看到他输钱，也喜欢下棋。这样我就堕落下去了，持续了两年零几个月，那会儿不操心行医的事，也不考虑生计，这些东西全被我抛在了脑后，除了我刚才提到的下棋和赢钱之外。我既不考虑自己的声誉，也不考虑学术研究。

有一天，快到 8 月底，维柯梅尔卡蒂经深思熟虑，做出了一个新的决定，可能是因为他后悔自己总是输钱，可能是因为他为我着想，无论再讲任何道理，无论怎样诅咒发誓，也不能再怂恿他赌博了，他甚至强迫我发誓，以后再也不到他家里去赌博了。我向诸神发了誓，那是最后一天。我马上就致力于学术研究。

注意，10 月初，帕维亚大学由于战争而关门，所有教授都躲到比萨，我在自己的城市得到了教职。这个机会完全出乎预料，我也接受了，因为我不需要离开米兰。而要是让我非离开米兰不可，或是与另一个人竞争，我是绝对不会接受的。

除了数学之外，其他课我都没有讲过，而且只在假日讲授，否则，这些日子我就会失去米兰发给我的薪俸，就要拖家带口、拉着家具一起离开米兰，这样很不方便，而且在一定程度上还要

---

① 当时流通的一种货币。‡

冒着损害声誉的危险。出于这些原因，第二年我还不愿离开米兰，就在议事会派信差问我做出哪种决定那一天之前的夜里，令人难以置信的是，我家的房子从地基以上全部倒塌了，除了我和妻子、孩子正在使用的床之外，其他东西全都被毁了。这样一来，我以前绝对不愿做的事，没有神就做不成的事，时运却迫使我接受下来。所有听到这件事的人，无不瞠目结舌。

我要讲讲另一件怪事——这种事我这辈子经历得太多了——但性质有些不同。我有很长时间不停地遇到麻烦事，已经到了绝望的边缘，这样得了一种貌似脓胸的病，我在前面已经提到过。我父亲收集了一些笔记，我看到有这么一页："4月1日上午8时，如果有人跪下来恳求圣母为一个合理的请求说情，如果再念一遍主祷文和万福玛利亚，恳求的人就会如愿以偿。"这一天的这一时刻，我就这样做了，也念完了祷告词，于是在当年的基督圣体节，我的病就好了。

很久之后还有一次，想起这次康复，我又为自己的痛风祈祷，结果获益匪浅，病也治好了。我这样做完全正确，我父亲也提到了治愈的两个病例。但在这件事上，我使用了技术辅助手段。

现在我要讲四个例子或特殊证据，有关我长子生平的特殊情况。第一个发生在他洗礼那天。第二个发生在他生命的最后一年。第三个发生在他承认犯罪的那一刻，他因为这一犯罪而被处死。第四个从他入狱那天开始，直到他死那一天结束。

他出生于1534年5月14日，直到5月17日我都为他的性命担忧。那是个星期日，他受洗了。从十一点到十二点之间，灿烂的阳光照进卧室。依照习俗，母亲在床上躺着，除了男仆之外，所有的人都围着床站着。亚麻布窗帘从窗户上拉开了，紧贴着墙。一只大黄蜂飞进了房间，绕着婴儿飞个不停。在场的所有人都害了怕，但大黄蜂谁也没有伤害。

大黄蜂很快就钻到窗帘里出不来了，嗡嗡地拼命叫着，声音大得就像是敲鼓似的。我们都跑了过去，但啥也没有看到。大黄蜂不可能飞到外面去，我们全都盯得紧紧的。这一事件我们都觉得是不祥之兆，担心这孩子将来要出事，但谁也没想到出那么大的事。

他死那年，我给了他一件新丝斗篷，这是医生常穿的服装。那又是个星期日，他去了托萨门，那里有个屠夫，像往常一样门前有几头猪。其中有一头从泥里爬起来，浑身脏兮兮的，惊恐不安地向我儿子发起攻击。那会儿，不仅是我儿子的仆人，连屠夫和邻居也都拿着棍棒把猪赶走了。这件事像是名副其实的不祥之兆。我儿子跑着，猪在后面追着，最后猪累了，也就停了下来。

这件事过后，我儿子回来见我，比平常显得还要难受，他把这件事完完整整给我讲了一遍，问我这对他意味着啥。我回答说他要当心免得过猪一样的日子，别最终落得和猪的下场一样。但除了爱赌博、喜欢大吃大喝之外，他是个很优秀的小伙子，而生活上也无可挑剔。

又是在2月份，即第二年的年初，我住在帕维亚并在这里讲课。一个非常偶然的机会，我仔细端详自己的手，在右手无名指根部看见一个形象，酷似一把血淋淋的剑。我突然感到非常害怕，问自己怎么办。那天晚上，一个信差徒步而来，带着我女婿的信，对我说我儿子被捕了，要我去米兰。这样，转天我便去了。

有五十三天的时间，那个标记从手指根部逐渐往上延伸。看，在最后一天，它到了指尖，燃起了血红的火焰。我当时并没有预见到会发生什么事，只是被吓得六神无主，不知道该怎么想、怎么做，也不知道该怎么说。到了半夜，我儿子被斩首了，早上的那个兆头就几乎看不见了，第二天便完全消失。

在此之前，我儿子被关在监狱约二十天，而那时我在一间书屋里搞研究，听见一个声音，像是一个人在听忏悔，可怜的忏悔者马上就要死了。我的心马上就裸露出来，被撕碎，被暴怒驱使。我从那个地点跳到院子里，帕拉维西尼家的人正在院子里坐着，我当时也住在他家。在我儿子的问题上，如果他没有认罪，如果他是无辜的，我不是不知道能调解到什么程度。我大声说道："哎呀，他杀了妻子，现在认罪了，将要被处斩。"

于是我从仆人手里接过斗篷，朝着市场走去。半路上我碰见了女婿，他的表情很悲伤。他问我到哪里去，我回答说："我预感到我儿子认了罪，把一切都招了。"他回答说："是的。他刚刚才招供。"

我事先派去的一个信差跑了过来，把事情的经过详细讲了一遍。

依照我的本性，我有这么一个特点：我的肉散发出一点硫黄、香和其他化学品的味道。这种情况主要出现在我三十岁左右，当时我生了一场大病。我恢复健康以后，两条胳膊散发出浓烈的硫黄味。那个时候我的皮肤还发痒，但步入老年后，这个症状就消失了。

我还有一件不同寻常的事，也就是当年我无忧无虑并得到老师的帮助时，常常研究阿基米德或托勒密，但都看不懂。而现在我完全成熟了，虽然他们的著作我已经约三十年没有看过了，虽然我有很多事务缠身，整天操心而又没有人帮助，但拿起他们的著作，便能看得明明白白。

梦

梦像是真实的，有没有什么值得赞赏之处呢？有关梦的无关紧要的特点（有什么用呢？）我不想谈论，而是想谈谈其重要特征，这些特征似乎最清晰、最有支配作用。

这里有一个例子。1534 年前后，我对人生还没有做出任何决定，但各方面的情况越来越糟。在一个灰暗的早上，我做了个梦，看见自己在山脚下跑，山矗立在右边。我周围突然冒出来一大群人，各种身份、各种年龄的都有，男的女的也都有——风华正茂的男人、女人，还有老人、儿童、婴儿、穷人和富人，穿着各种款式的衣服。于是我就问道："我们这是往哪儿跑？"人群里有一个人回答说"去死"。

我一听很泄气。由于左边好像有一座山①，我就迅速转过身来，这样山就转到我右边了，这样便能抓住藤，而藤就在半山坡上。我站着的那个地方，上面覆盖着枯萎的叶子，所有的葡萄都被摘走了，我们习惯在秋季看见葡萄被摘掉。

我开始往上爬。因为山很陡峭，是从山脚下自立起来的，一开始非常难爬。不过爬了一会儿，过了这个陡坡，再往上爬起来就容易了。

最后我站在山顶上，就要越过我的意志做出的规定时，四周出现了陡峭、光秃秃的大石头，我像是马上就要一头栽进一个可怕的无底洞和阴森森的裂口。四十年过去了，一想起这场梦，我仍然感到沮丧和恐怖。

于是我转到右边，那里是一个光秃秃的平原，一望无际，长满了石楠。恐惧让我急匆匆往那里走去，根本就没有想这条路会把我引到哪里。我发现我来到一间小屋的入口附近，小屋属于某个田庄，屋顶上覆盖着稻草、芦苇和灯芯草。我扯着一个小男孩的手，小孩穿着一身灰色服装，看样子约有十二岁。就在这时我醒了，梦也被打断了。

在这一幻象中，我觉察到一个明显的预言，意味着我的名声

---

① 原文如此，前面刚说过山在右边。‡

不朽，意味着我艰辛、永不停歇的苦苦奋斗，意味着我入监，意味着我这辈子巨大的恐惧和忧伤。在坚硬的岩石上，我看到了自己命运多舛的预兆，没有果实累累的树和有用的植物，这是我无子的象征，我的生活最终会变得幸福、平静、舒适。

这场梦还意味着我将来英名不朽，因为葡萄藤每年都会结出果实。那个小男孩如果真是个善神[1]，那他就是个吉兆，因为我紧紧地拉着他。如果他象征着我孙子，那这个兆头就没有那么好。那间偏僻的小屋象征着宁静的希望。但在无底洞边缘上的极度恐惧，可能预示着我儿子的毁灭——相信他在这个预兆中被遗漏是不合适的——他结了婚，落得个悲惨的下场。

这场梦我是在米兰做的。

我做第二场梦发生在这之后不久，还是住在那个地方。我赤裸裸的灵魂好像是在月球天[2]，就像从我躯体里解放出来了，孤零零的。我好像正在哀叹命运，忽然听见我父亲的声音对我说："天主指派我担任你的监护人，这些空间里到处都是精灵，但你看不见，连我你也看不见，你和他们说话也不合法。你要在月球天上七千年，和星星的数目一样，直到第八重天。过了第八重天，你就到了天国。"

对这场梦，我的解释如下：我父亲的灵魂就是我的保护神，还有更慈爱或更仁慈的解释吗？月亮象征着语法，水星象征着几何学和算术，金星象征着音乐、占卜术和诗歌，太阳象征着道德生活，木星象征着自然生活，火星象征着医学，土星象征着农业、植物学和其余的简单技艺。第八重天象征着所有知识的最后收获，

---

[1] 参见第四十四章的脚注"恶神"。‡

[2] 古代西方人认为天有七重：月球天、水星天、金星天、太阳天、火星天、木星天、土星天。后来但丁在《神曲》中又增加了恒星天和原动天，这样就变成九重天。月球天是第一重，是最接近尘世的天界。‡

象征着自然科学和各种研究。这一切过去之后，我就会安详地和我主在一起休息。

这场梦可以说是在《问题集》第七部分阐述的，虽然那个时候我并没有注意到，这部书完成出版的时间就要到了。

有时候，我在梦里似乎认出了一个年轻人，他用恭维的话语和我说话，而我醒过来以后一点也记不住他。我问他是谁，从哪里来，他很不情愿地回答说："我叫斯特凡努斯·达·迈斯。"在拉丁语里，这个名字没有任何意义，只是听起来像外国语音。我常这样想："Στέψανος"意思是"王冠"，"μέσος"意思是"中央"或"中间"。

另一件事预示着我即将在罗马生活。1558 年 1 月 7 日，我正住在米兰，除了私事之外，无事可做。我做了一场梦，梦见一座城市，城里有很多宫殿。在很多奇观中，我看见有个住所很像一座镀金的房子，后来我在罗马的时候真的见到了。另外，那像是个宗教节日，只有我和仆人，还有一头骡子。仆人和骡子已经走得不见了，从一个房角拐过了弯，但我好像听到从远处传来仆人的声音。在那个位置很少有人从街上走，我对此充满好奇，就问每一个从街上路过的人，问这座城市的名字。然而没有一个人能告诉我，直到后来一个老妪对我说，这座城叫"巴凯塔"，拉丁语是"棍棒"，（这玩意）通常用来惩罚男孩子，很久以前叫戒尺。罗马诗人朱文诺说：

　　　后来我就不再使用戒尺了。①

我急不可耐地四处找人，看谁能告诉我这座城市的真实名字。我是这样想的："肯定不是这个粗俗的名字。我从来都不知道意大利有这么一座城市。"这句话我是对那个老太婆说的。她接着说：

---

① 朱文诺，《讽刺诗》第一首，第 15 行。†

"这座城里有五座宫殿。"我回答说："可我见过不止二十座。"她执拗地说："只有五座。"

听到这话，我想赶上我的仆人和骡子，但没有赶上，这时我醒了过来。

我找不到适当的理论，无法解释这场梦，只有这一点显而易见：罗马显然就是我梦见的那座城，我也知道巴凯塔这个词是什么意思。有人说是那不勒斯方言。这一幻象是有兆头的，或是其原因不明，否则就是神意。

1547年夏，我在帕维亚得到一个警示：我小儿子病了，已经奄奄一息，眼看自己就要失去爱子。我醒了，看护马上跑过来说："起来，先生，我看奥尔多不行了。"

"咋回事？"

"他眼珠往回翻，一点声音也没有。"

我马上起床，给他服用了珍珠和燕子宝石散剂，我对这两味药有信心。但他吐了，我又给他服用了药散，这一次他没有吐，睡着出了些汗，这样不出三天就好了。

做事认真负责、对天主信仰坚定、谨慎下结论、谨慎期待好结果的人，都有这样的经历：有远见的家长会利用每一个机会保护子女，所用的方法尤其是符合医学、身体以及与身体相结合的重要原则，这样做并无不当。其他人试图模仿这一方法，但徒劳无功，结果使自己成为笑柄，那就像预言落空的先知一样，因为这种事无法成为一种艺术。不过这里说的是我那不肖之子，他给我带来了那么多麻烦。

除了这些之外，我还做了很多神奇的梦，内容简直令人难以置信，这些梦就不说了。

以下这些都属于我的不同寻常之处：各种不同特点的聪明才智，做梦，还有四个一闪而过的直觉或预感。其中有三个我已经讲过了：一个导致我突然撤销在马真塔签署的协议，另一个出现在那场暴风雨之前，那是我在湖上经历的暴风雨，第三个出现在我家房屋倒塌的时候。第四个是我的吊袜带这一怪事，这件事我在另一个地方已经讲述过。

所以，我必须把这些不同寻常的经历看作是我主的特殊豁免。发生在我身上的这类事情，无论是偶然发生的，或是在梦中见到的，又或是凭借预感产生的，至今还没有一个人有意将其归于自然原因。要是有人采取这一态度，恐怕就犯了大错，甚至是严重错误。更没有人把这些事归因于我本人的功德。恰恰相反，这是宽宏大量的天主赠送的礼物，天主不欠任何人的债，更不欠我的债。

有些人把我这些经历归因于我本人的勤奋、努力或热情，这些人更是错得离谱，我认为勤奋、努力或热情所起的作用甚至连千分之一都不到。

有些人以为我想博得虚名，就胡编乱造了这些事，这些人错得最离谱，我根本就没有这样想过。

最后，我为啥要编造这些不值一提、单调乏味和虚假的故事来污损自己的美德呢？这一美德对我来说不仅是自然的，而且我还知道这是来自天主的。

第三十八章

五个帮助过我的特点

到目前为止，我把自己当成个普通人来谈论，与其他人相比，我这个人甚至有些缺乏先天禀赋，受教育也不够。

现在我要谈谈自己的一个不同寻常的特点，我知道这一特点是我的一部分，但其本质我却说不清楚，这就显得更加离奇了。那就是我自己，不过我并不知道这种能耐就来自我自己。这一能力在需要的时候就会出现，但我想让它出现的时候却看不见。由于这一能力而会发生什么事，却是我无力掌控的。这一天资首次被发现是在1526年年底，或是在第二年年初，所以从我意识到这一能力到今天，已经过去四十九年多了。

我知道有某种来自外部的力量能把一种低低的声音传到我耳边，这种声音正好来自有人谈论我的那个方向或地方。此人所说的如果是公道话，声音好像停留在右侧。如果声音偶尔从左侧传过来，它就穿透到右侧，变成一种稳定的嗡嗡声。但如果说的是难听话，我就能听到奇怪的冲突声。如果说的是坏话，噪音就会停留在左耳，正好从说坏话人所在的地方传来，因此可能从我的任何一侧传过来。如果说话者最后给我下了一个坏结论，就在他话音刚落的那一刻，我左耳边常常会有声音重新开始震动，音量也增大了。

经常有这种情况：谈论我的人如果在同一座城市，我耳边震动的声音刚一停止，就会有一个传话者来到我面前，代表说我坏话的那个人和我说话。但如果谈话是出现在另一个国家，传话者要是出现的话，只要计算一下从谈话开始出现到传话者开始出发过了多少时间就行了，我听见声音的时间和谈论我的时间是一样的。另外还可以发现，执行决定的方式是我根据耳边噪音的特点推测出来的。这一现象一直延续到1568年，停止以后紧接着就发生了那一阴谋①，而我对停止感到吃惊。

几年以后，可能是过了八年，也就是1534年前后，我开始在梦里见到一些现实中很快就发生的事件。这些事要是在做梦后的第二天发生，我通常会在日出之后看到轮廓清晰分明的幻象，也就是说在幻象里看到这些事。甚至有一次，我看到对自己加入医生协会的提议直接付诸表决，做出一项决议，结果提议被否决了。我还梦见我马上被任命为博洛尼亚大学教授。就在以前的显灵终止的前一年，梦中显灵也停止了，也就是1567年前后，那一年我的一个名叫保罗的受监护人离开了。所以，这种现象延续了大约三十三年。

第三个特点是一闪而过的直觉。我利用这一特点获得了越来越多的好处。它始于1529年前后，其有效性越来越强，直到1573年年底，一直没有达到绝对可靠的程度。有一段时间，从这一年的8月底到1574年9月初，在我看来，尤其是在今年，也就是1575年，我认为这一特点绝对可靠。

另外，这一天资从没有抛弃我，并取代了后来的两个才能，这两个才能抛弃了我。它让我做好准备面对敌手，准备应对任何

---

① 阻止他去博洛尼亚。参见第三十章。†

迫切需要。其组成部分是对直觉能力的巧妙运用，还有与之相伴
的清晰的理解力。这是一种令人完全满意的能力，对于我的影响
力、训练和收益，对于证实我研究的结果来说，比其他两个特殊
才能要有用得多。它并不会让人偏离职业，也不会妨碍与同伴交
往，让人准备好应付各种事件，它协助人们著书立说的价值无法
估量。这一才能像是我本性中最基本的品质，因为它同时显示出
构成我本性的所有品质的精华。如果说它不是一种天赋，那也肯
定是人可以培养出来的最完美的才能。

1522 年，第四个特点开始发挥作用，一直持续到 1570 或
1573 年。这显然是赋予我的，我相信肯定是这样的。在我失去一
切希望且保住性命之后，它坚定了我的信念让我更加相信我是天
主的选民，天主就是我的一切，它阻止我干出任何配不上这么多
好处的事情。假如有人问我，为啥别人都没有这些或类似的经历，
至少有一些人没有这些经历，我的回答是："有多少人知道类似的
显灵，或是有他们自己知道而我们不知道的心灵体验，我们怎么
会知道呢？"要是还有人问："你儿子死得那么惨，这是对你显示
的什么恩惠慈爱呀？"

"如果有人可以用其他方式，在没有遭罪的情况下获得永生，
我就用这种方式。如果不能用其他方式，我会得到什么特许呢？
死亡总是痛苦的，每天等待着必然的死亡也同样痛苦，等死并不
仅仅是死亡的对应物，差不多就是死亡本身。"

我一生中的第五个特点，一个从来也没有停止伴随我的特点，
就是一旦我个人的事务陷入危机，我就被卷到幸运的浪尖上；这
些事务刚一恢复正常并兴旺发达起来，我就陷入水深火热。甚至
就像是在暴风雨里颠簸的桨帆船，一会儿从波谷被推到波峰，
一会儿又从波峰跌入谷底，在我整个生涯中，它也这样跟随我起伏
不定。

　　我多少次哀叹自己的不幸状况啊，不仅是因为一切都毁了，每一个平安的希望都破灭了，而且因为即便我想方法试图把事情理顺，结果仍然是一筹莫展。接着，就在我放弃一切努力的两三个月以后，我发现一切都变了，所以我相信有比我更强大的力量介入了我的事务，无论再发生任何事，都是外力造成的结果。这种事多次发生，我都不好意思再一一列举。另外，凭借命运的沉浮，所有的事情常常同时被毁掉。

第三十九章

学问，或学问的外观

我写这一章的目的，是要搞清楚我是不是真有一点学问，或者说是不是仅仅看起来有学问。

语法我从来都没有学过，我也没有学过希腊语、法语或西班牙语，但我具备的使用这些语言的能力，到底是怎么来的，我也说不清楚。另外，我一点也不熟悉修辞，连光学、均衡理论也都不熟悉，因为我没有花一点时间来研究这些学科。我也从来没有关注过天文学，因为我觉得天文学太难了。

另一方面，我虽然音乐天赋不足，但在音乐理论研究方面却无人能比。在地理方面，在以辩论为基础的哲学方面，在道德学说方面，在法律学和神学方面，我也没有下过功夫。我觉得这些学科内容太广泛，与我的目标不一致，需要兴趣专一才能学会。

对于任何邪恶、有害或无意义的学说，比如说手相术、毒药配制法或炼金术，我下的功夫更少。我也没有关注相面术，这是个花费时间长的学科，最为难学，需要超强的记忆力和敏捷的领悟能力，我简直不相信我有这个能力。我也没有学过魔术，魔术研究的是施魔法。我和召唤死者的灵魂或鬼魂也没有任何关系。

连一些更值得赞许的学科，我也几乎没有研究过。我记性差，不会鉴定植物，也不关心农业，因为从事农业更需要实践而不是懂理论。考虑到多种因素，解剖学把我吓跑了[①]。

我不习惯歌曲创作，除非是不得已，即便是作起歌来，也作得很少。

所以，有些爱好我都没有动脑筋想过，除非它们会损害我在医学上的名声。既然是这样，为什么还有那么多人说我有这些爱好呢？

> 知识兴趣点多，专注于某一点的效果就差。

占星术的一个分支是教人预知未来，这一分支我勤奋地研究过，甚至研究得过了头，而且我也信任它，结果对我造成了伤害。占星术中自然科学的部分我没有实践过，因为我从三年前才开始对它有一点了解，也就是大约我七十一岁那年。

我通晓几何学、算术、医学——既懂理论又有实践，逻辑学我更熟悉。自然现象我也研究，也就是与物质性能和性质相同的事物有关的现象，比如说，证明琥珀里面储存热量，为什么是这样。另外还有下棋技巧，如果这也可以包括在内的话。在这份名单上，我可以添加上拉丁语和其他一些语言的实用知识，最后还有音乐理论。

不过我从来没有接触过航海术。至于兵法，我没有理由把它包括在技艺之中。另外，由于兵法提出了很多难题，我一点也不熟悉，就像我不熟悉农业一样。还有一些伪学科，比如说符号的

---

① 由于时代的偏见，解剖学的新方法遭到强烈反对，安德烈·维萨里的生涯就是明证。他的专著《论人体结构》遭到医学界所有守旧派的攻击，他做的试验让社会震惊。†

书写、构成和解读。

在我自己的领域里，我从来没有做过外科手术。

如果你把重要的学术研究确定为三十六个分支，其中有二十六个我没有研究过，一点也不熟悉。而另外十个我研究过。

另外，有些人以为我理解力强、知识渊博，因为我有外在表现。支撑外在表现的是认真而持久的沉思，这些都是从众所周知的事实中做出的推论，是通过选择更好的原理，不是通过热衷于争辩，就像盖伦所做的那样。外在表现既不依靠应用太普遍的概念，也不依靠含有任何错误成分的假设——不过我追求真理，所以在探讨某些问题的时候，可以与主流观点稍微偏离一点，但偏离得不多，就像有些人所做的那样——也不依靠虚幻的假设，就像普罗提诺那样。这种外在表现倒是在于判断的准确和稳定，在于阅历，在于先见之明，在于运用我常说的那五种手段来协助。

除了我已经掌握的这十个学术分支之外，我还掌握了很多历史事实。不过严格说来，这些知识并不属于任何一门学科，但可以使这些学科所涉及的论据大为增色。

人生短暂，充满坎坷和不利因素，所以对于每一个愿意把精力集中到少数几件事而不是很多事上的人，而且是愿意勤奋、刻苦地把这几件事做好的人，我想提出几个建议，也可以说是告诫吧：首先，他要选择对其同胞有用的职业，尤其是对自己有用的职业；他应该接受必然的结论和真正的开端；不要在一怒之下，或是为了出风头而抛弃已获得的益处，今天尝试这个，明天尝试那个，以为有一种方法是更好的。

如果你受到名誉的诱惑，或是希望从名誉中得到一些好处，你让一个创意达到完美的程度，比追求一千个目标结果一个也达不到要好。

佩尔西乌斯的一本名著，

远超过马苏斯大部头的《亚马孙战争》。①

在这方面，我们发现贺拉斯尤其成功，凭借的是一部不长但精心创作、堪称完美、犹如纯金的作品。现在，诗人说的大话实现了：

祭司缓缓登上卡皮托利山，

圣洁的脚步默默把腰弯②。

随着时间的推移，他凭借作品取得了成功，没有感受到冥河波涛那不可抗拒的力量。虽然教宗不再登卡皮托利山了③，贺拉斯仍然大名鼎鼎，这是确定无疑的。我历尽艰辛，把算术这门学科的水平提升了十倍，把医学的水平也提升了很多。

赶快完成你想要完成的事吧，这是一个严肃人的职责。要达到这一目的，就需要阅读大量的文献。我三天不间断地阅读，要读完一部巨著的时候，就需要对内容提出一些建议，标出一些老生常谈或几乎没有用的部分略去不读，或用一个剑号④标出晦涩难懂的段落，等以后有了机会再仔细研究。

至于我在写作时的安排，我习惯把一句话末尾的风格保持下去，到下一句开始的时候仍然用这一风格。我把最优秀的作家作为这样保持连贯性的权威。另外，写出的作品要优美、清晰、有条理、前后一体，且用拉丁语书写，其风格要注意措辞得体，文

---

① 马休尔，4，29，8。†

② 贺拉斯，《颂诗集》第三部，第三十首。†

③ 中世纪时，卡皮托利山曾是罗马政府所在地。‡

④ 即"†"。‡

章结构的思路和意义的思路要来自同一处。当然，有些学科是无限的，比如说几何与算术，这样的学科就不需要装饰。与此相反，其他学科则需要划分和润色，比如说天文学和法律学。

第四十章

行医成功的案例

1. 1537 或 1538 年夏，我有一个好朋友名叫多纳托·兰扎，吐血多年，我把他治好了。兰扎深得议事会成员斯芬德拉托的信任，而斯芬德拉托是皇帝的私人顾问，所以兰扎经常催促这位贵族运用我的医术给他的长子治病。斯芬德拉托的长子还小，患有幼儿惊厥，被认为九死一生。这孩子智力低下，精神不完全健康，身体也畸形。尽管如此，最后还是治好了。

斯芬德拉托还有一个儿子，比那个更小，是个九个月或十个月大的婴儿，发烧了。卢卡·克罗切正给他治疗，依照常规对孩子的康复抱有希望。克罗切是斯芬德拉托的好朋友，因为他是医生协会的行政长官，而斯芬德拉托是医生协会的资助人，两个人长期交往、相互帮忙、互惠互利。婴儿突然剧烈惊厥，持续高烧。一看这些症状，就知道死亡的危险接近了，克罗切催着赶快把安布罗焦·卡韦纳加叫来。而斯芬德拉托想起了兰扎的推荐，就提议把我也叫来。

早上八点，我们在一块儿会诊，孩子的父亲也在场。克罗切简要介绍了病历，因为他知道斯芬德拉托是个聪明人，他本人也是个诚实、博学的人。与此同时,卡韦纳加则没有发表意见。依照身份,最后他要表态。

于是我说:"各位都看到了,这孩子患的是角弓反张。"

听到这个字眼,那位资深医生吃了一惊,像是我打算用这个晦涩的术语迷惑他似的。但克罗切马上过来打圆场,说他知道那是一种神经痉挛,造成身体向后弯曲。我回答说:"正是这样。现在我要说明我的意图。"

说完这话,我把孩子向后仰的头抬起来。医生和其他人都认为,头向后仰是因为孩子愚钝,导致头因为自身的重量而下垂。我吩咐人把头举到正常位置,不过要轻轻地、一点一点地举,因为其他任何方法都不管用。在场的所有人都以赞赏的目光看着,尤其是孩子的父亲。

克罗切突然这样说道:"荷,注意!"这是引起旁人注意的话语,或是开始讲话的话语。

"在诊断疾病上,吉罗拉莫先生无与伦比!"斯芬德拉托马上接过话茬儿,对我说,"既然你看出了是什么病,用药就不能起点作用吗?"

其他人都默不作声,免得我把话说过了头,损害我已经享有的名声。我转身对几个伙伴说:"关于这一病症,各位知道希波克拉底是怎么说的:'先痉挛再发烧,比先发烧再痉挛好。'"当时我引述了这一格言。克罗切以其特有的圆滑,想尽可能保持一种友好的态度,这样一旦孩子的病治好了,他还会像以前那样受到青睐,万一孩子死了,他看上去也不像是妒忌竞争对手的名声。这样一来,他就把患者交给了我。

资深医生卡韦纳加默认了,因为他们知道,谨慎的赞许比不同意能给人更多的期待。

然后我就开药方,开的是用亚麻籽油和睡莲籽油浸泡过的纱布热敷，并吩咐给孩子治疗时动作要温柔，直到其脖子恢复到正常位置。我还吩咐奶妈不要吃肉，孩子除了吃奶妈的奶之外，不让他吃喝任何东西，而且吃奶也不能太多。我让他们把孩子放进摇篮里，让孩子保持暖和，轻轻地摇动他，直到他慢慢入睡。

其他医生走了以后，我想起孩子父亲对我说过的话："我把这孩子托付给您了，他就是您的亲儿子。"

我回答说："您想用一位穷父亲代替一位富父亲，您这样说没有考虑孩子的未来啊。"

"我知道，"他接着说，"您待他就像是自己的儿子一样，千万不要担心您这样做会得罪那些人。"他指的是那几位医生。

"恰恰相反，"我说，"我很乐意与他们商量，医治任何病例我都愿意和他们合作，得到他们的帮助。"

我说话这样克制是想让他明白，一方面我对治好孩子的病没有完全失去希望，但同时也没有过于自信；一方面我非常博学，能够凭借治病的经验帮上大忙，但同时也更为谨慎。治疗成功了，发烧已经持续了十四天，天气也暖和，四天以后孩子就开始好转。

正是考虑到这一点，他对我钦佩起来，从此以后他喜欢我超过其他任何人。这不是因为我把病诊断出来了，因为我是推测出来的，我自己的经验就可以帮助我；也不是因为他儿子康复了，这种事情可以归功于运气；而是因为这孩子四天就康复了，但医生们将他兄长折磨了六个多月，最后折腾了个半死扔下不管了。

至少可以这样假定：斯芬德拉托对我非常尊重，因为克罗切在担任医生协会行政长官期间一直妒忌我，对我的态度很不友好。克罗切还当着我病人父亲的面对卡韦纳加说，出于礼貌，他只能说一句不得不说的话，夸一夸一个与协会关系并不好的人。显然，阻碍我加入协会的是妒忌和激烈的竞争，而不是我的出身。

斯芬德拉托对他儿子患病一事印象极为深刻，把整个经过向议事会讲了一遍，并极力说服国家行政长官、其他高官和显贵，终于为我开辟出一条通向医生协会的道路，在此之前那么多人投票反对我，最后找了一大堆借口指责我这也不是那也不是，就是不让我进去。由于他的影响力，我得到了在学校举行公开讲座的职务，甚至得到一笔补偿金，也得到所有人的认可。

2. 我的下一个病例是苏格兰大主教汉密尔顿，他当时四十二岁，患哮喘已有十年。他一开始请法兰西国王的御医看过，之后又请查理五世的御医看过，但都不见效，就派人到米兰请我，让我到里昂。我到里昂以后，他又送给我三百英镑，请我继续赶到巴黎，要是遇到战争受阻，他不能到巴黎见我，就请我到苏格兰去。

我去了苏格兰。大主教的医生所采用的治疗方案，是按照巴黎医生委员会的决议制定的。病情没有好转，医生因而受到责备，最后我不得不发表意见，谈了病情持续未转好的原因。于是大主教就对他的医生发火，医生又对我发火，因为我把问题揭露出来了。这样，医生让我害怕，大主教又指责我拖延，而且我开始治疗的时候，病人已经开始好转，大主教就更加指责我了。

在这种担惊受怕的情况下，我请求离开，好不容易得到了批准。临走的时候，我给他制定了一套养生方案，按照这套方法，他两年以后恢复了健康。我在他那里逗留了七十五天。他眼看治愈有望，就委托其大管家迈克尔为我提供有诱惑力的丰厚报酬，让我回到他家里担任私人医生，但我没有接受。为了医治这个疾病，大主教花费了一千八百金克朗，其中有一千四百金克朗给了我。

3. 在我自己的家乡，我治好了佛朗切斯科·加迪患了两年的皮肤病，加迪是圣奥古斯丁修道院院长。六个月他就好了，但这个人，还有他前面一个病人，虽然治好了病，但十年以后就死了，暴死于政治冲突。人类的命运好惨啊！

4. 玛莎·莫塔经我治疗，两年就好了。她被限制在一张椅子上达十三年，一步也没有走动过。大约在十年之内，还有两个类似的病例，我试图治疗的时候暴死，而这个女人在我离开米兰的时候，已经活了二十三年。实际上她还有一点曲背，但在此期间，她一直可以随意走动。

5. 朱利奥·加蒂，我治好了他的肺病，不久以后他就担任了曼托瓦领主童年时期的家庭教师。

6. 贾马里亚·阿斯托尔福的儿子，我治好了他长期的发烧。

7. 比利时人阿德里亚诺，我治好了他的脓胸，从此以后他对我心存感激，对我忠诚，随时为我帮忙，我也非常想让这样的事情发生在一个意大利人身上。

8. 还有詹保罗·内格罗里，他是全城大名鼎鼎的商人，找过所有重要的医生看病，最后被认为是肺病，已经无药可治。我给他的医治赢得了他忠贞不渝的友谊。

9. 店主加斯帕罗·罗拉，有一年时间比一块磨盘好不了多少，凭他自己显然连一步也动不了，让我给治好了。不过他还是身子扭曲，脖子也歪。

10. 我没有治死过一个发烧病人，其他病人致死率只有三百分之一，这一记录怎么样？这样说的证据是保存在公共健康档案里的报告书，这些报告书是对死亡证明的补充。政府官员有这一习惯做法，每一个公民也都知道。这一证据虽然不在我手头，我觉得从其他来源拿出证明仍然是不合适、不得当的，吹嘘也是不合适、不得当的，尤其是医生，基本上不用这些方法做出评估。

11. 我也应邀专门护理塞萨公爵 ①，放下我在帕维亚大学的教授职责。我收到了一百金克朗的报酬，另有一件丝绸礼物。

12. 我还应邀从博洛尼亚到摩德纳，去晋见枢机主教莫罗内，但我不愿意从他手里得到报酬，我知道他是我的资助人，我欠他的多，他欠我的少。这两位显赫人物坚定地支持我，随时准备帮助我，他们个人的努力救济了我。

我一共让一百多个人恢复了健康，这些人都是被医生放弃了，被认为是无可救药的人，在米兰、博洛尼亚及罗马。我在治疗上有幸运也有成功，不应该被看作是奇迹，因为我主张诊断学应该在医学领域占据一个特殊的位置。

我在博洛尼亚公开做出两个承诺，这是我成功的证据。我说，每一个及时来找我看病的人，如果不超过七十岁，或不小于七岁（我在拙著《预后学》里经常提到这一点，"七"应该代替"五"），同时，如果不是怀疑有素因性导致的疾病，如受伤、挨打、事故、惊吓、中毒等，或是具有官能的任何一个人（我特别强调这一点），没有患上肺病、肝硬化或在危险部位有深陷性溃疡的人，或是膀胱里没有大块结石的人，或不是患癫痫的人，我都能治好。

———————————

① 贡萨尔沃·费兰特·科尔多瓦，米兰总督，1558 年菲利普二世指定其接替费兰特·贡扎加。†

另一个承诺——不过我既可以冒险，也可以不冒险——是如果有人病得快死了，我可以找出病源，如果病人死后证明我错了，我会认罚，罚我相当于赌注一百倍的钱。

因此，一开始有很多人急于公开证明我错了，就解剖遗体，如议事会成员奥尔西的遗体、医生佩莱格里尼的遗体、乔治·吉斯莱里的遗体等。对于最后一个病例乔治·吉斯莱里，我预言病源在肝脏，这一预言不是让人吃惊吗？小便一点也没有受到感染，腹部老是痛，不是没有受到损伤吗？这件事过去之后，他们虽然偷偷地检查了很多病例，但从来没有发现我有错，也不敢接受我的挑战，也没有提议让我接受挑战。

13. 这下再说说我成功治疗的病例。在博洛尼亚，我让温琴佐·托罗内恢复了健康，他臀部疼痛了一年时间。他不得不经常躺在床上，这根本就无助于治疗，甚至连疼痛也没有减轻。

14. 我还治好过一个类似的病例，在隆冬季节，是城里一个名叫克劳迪奥的商人的妻子。

15、16. 就这样，在罗马，我专门护理过一位名叫克莱门蒂娜·马萨的贵妇人，也护理过法学家乔瓦尼·切萨雷·布翁滕波。这俩人都病了将近两年，最后都沦落到最痛苦的地步。城里更有名的医生让他们看了个遍，但我对他们的治疗极为有效，到现在二人还活着。

另外，我到米兰一个西班牙人社区巡诊，有证据证实一些不同寻常的事实。

首先，凡是我断定治不好而被放弃的病人，谁也不敢吹嘘他能治好，尽管我本人治好了很多被认为无药可救的病人。这一事实怎么样？请注意，我在其他地方说过，技艺中没有"运气"的位置。就像命运女神会陪伴理发匠让他理发吗？会陪伴音乐家让他唱歌弹琴吗？

同样，在医学上，"运气"是靠不住的。不过在三个方面，医学好像要受运气支配，技术因素先放到一边。

首先，医学上的所有问题，都没有鞋匠或理发匠的技艺那么简单、清楚。医生在行医过程中，要是碰见一个危重病人，或是碰见一种非常复杂或病源很深的疾病，就不能提供多大帮助，这不是由于医学有缺陷，而是由于行医者没有经验。

另外，医学是一种综合学科，实际上无论是现在还是以前，医学都分为多个分支，以外科医生、眼科医生、内科医生、熟悉药草用途的药剂师及骨科专家为代表。在这些特殊领域里，每一个领域都由很多团队组成，每一个团队都致力于其专业的某一个方面。因此，一个医生在行医时，要是接触到一种他早就熟悉的疾病，然后成功地把病治好了，我们就可以说他运气好，否则就是运气差。

再者，医生还要和药物、护理员、助手、药剂师、外科医生、准备食物的人打交道，确保外面的一切情况都不出差错。他还要注意温度、水、卧室、卫生设备、安静、病人的朋友等。恐惧、沮丧或是一阵发怒，都有可能导致病人死亡，即便病人得的病可以治好也不行。

此外，简而言之，医学是一门学科，不是仅凭运气的科目。然而，任何学科都是综合学科，就像医学一样，或者说是多种成分共同作用的结果（比如当兵，当兵当然是性质单一的活动，不过是由同一类型的多种成分组成的），或是一种成分的产物（比如制钉工艺，更确切一点是铜匠工艺，或是农夫、播种者干的活儿），所以这一学科就会受到多种变化的影响。

就像我一样，医生在很多地方行医，这也可能对行医时的运气产生影响。希波克拉底断言，这与运气关系很大。我一开始在威尼斯行医，后来在帕多瓦地区的萨科村行医，意大利语把村子叫作"公社"。后来在米兰、加拉拉泰、帕维亚（不过在这里的时间很少）、博洛尼亚、罗马行医。

至于外国，我在法兰西（里昂）、英格兰、苏格兰也算行过医。甚至到了即将步入七十五岁的年纪，我还在继续行医，虽然盖伦没有活过六十七岁，阿维森纳（即侯赛因）没有活过五十七岁，但这两人一辈子都在旅行。盖伦至少旅行了二十年，侯赛因老是辗转各地。埃提乌斯[①]走遍了他那个主教的辖区，奥利巴修斯[②]被流放到本都，埃伊纳的保罗是个流浪者。

17. 接上文，继续讲述一个名叫朱利奥·林吉耶里的年轻老乡的病例。这个人住在圣贾科莫教堂附近，这地方位于博洛尼亚的圣多纳托街。1567 年 6 月 20 日，他发高烧躺在床上已经有四十多天了，还伴随着急性炎症和精神错乱，我把他治好了，按照惯常程序，当时别人把他转交给我了。

18. 安尼巴莱·阿里奥斯托是个富有的贵族青年，有什么必要提起他呢？因为他患了胸部脓肿，后来拖成了慢性病，消瘦、发烧，一天之内排出两磅重的脓汁，还受到失眠的折磨，医生们已经放弃了对他的治疗，说他患了肺病，无药可治了。他们把他隔

---

① 美索不达米亚的阿米达人，六世纪时的希腊医生，居住在君士坦丁堡，担任御医，作家，著述甚丰，有论述病理学和诊断法的著作十六卷。†

② 奥利巴修斯，珀加蒙人，四世纪时担任叛教者皇帝尤利乌斯的医生和顾问，其医学著作有七十二卷，其中有二十二卷保存至今，公元 363 年被东罗马帝国皇帝瓦林斯流放。†

离起来，以免疾病传染到都灵法官米凯莱·安杰利的四个小孩子身上。我用了三十天就让他恢复了健康，还长胖了，而且气色也好了，整座城市都感到惊奇。在博洛尼亚，像这样奇迹般治愈的病例，已经有五十年没有见过了。

19、20. 与此类似的情况是，有两个年轻人住在相邻的房子里，离通向摩德纳的大门不远，一个叫莱奥纳尔多，一个叫詹巴蒂斯塔。这俩人发烧，同时患有痢疾，但不咳嗽，也没有任何呼吸困难的症状，虽然已经被当成死人放弃治疗了，但最后还是撑了十一天。

我知道他们患的是肺部充血，就断言两个人都能治好，方法很简单，只要把黏液从肺里排出来就行了。此话一出口，几个医生都吃了一惊。就像我刚才说过的那样，这俩人从生病开始已经熬过了二十五天，排出来大约一磅黏液之后，两个人都康复了，过了四五天就完全好了。

21. 离这俩年轻人不远的地方住着另一个人，他叫马可·安东尼奥·费利奇诺，由于长期患病，已经不能说话了。另外，我听说他出身于世家，是一个显赫的议事会成员的侄孙。他一直发着烧，发烧时昏迷不醒，一声不吭，虚弱，一步步走向死亡。其他医生已经把他放弃了，明说既不知道他得的是啥病，也没有见过类似的病例。

有人说，小伙子落到这一步是因为服了毒，下毒者是他情妇。我接手他这个病例四天之后，他就恢复了自我控制力和语言能力，又过了十天或十二天之后，就把他完全治好了。我相信他还健在。

在这一点上，医生们对我怀恨在心，因为在治疗这类病例的时候，我既没有解释我做出的诊断，也没有说明我应用的方法。

22. 我还治好了克劳迪奥的妻子安格妮斯，克劳迪奥是个法兰西商人，住在我们城里。第一流的医生已经对她不抱任何希望，说她离死不远了。他们这样说有充足的理由。确实，在我治疗过的所有病人中，我救任何人的性命也没有救她下的功夫大，虽然我见过很多比她更接近死亡的人。

23. 我记得在其他地方随意提到的一些病例。有些病人治好了精神不健全，有些病人治好了癫痫症，有些病人治好了失明。有些人患有水肿、患有驼背、患有器官功能丧失、患有跛脚，经我治疗后病情都有好转，比如说（24）住在托萨门附近的那个木工的几个儿子。

为什么要详述我近乎奇迹般地治好了（25）洛伦佐·加吉，还有（26）曼托瓦亲王特使呢？为什么要详述如何治疗（27）杰出的西班牙人华拉呢？还有那些在米兰的所有西班牙人呢？我对他们的治疗真正值得注意。为什么我要特别提到（28）西莫内·兰扎，提到（29）马雷斯卡尔基，提到（30）詹南杰洛·利纳托的女儿，提到（31）安东尼奥·斯卡佐索等人的名字呢？

最后，（32）商人马蒂诺儿子的病例值得注意，（33）三王药剂师妻子的病例也值得注意。（34）有些人我治好了他们根深蒂固的老毛病，（35）我治好了另外一些人的小便带血。（36）凡是经我治疗过的复三日疟，没有一个不痊愈的。

37. 虽然叫我去医治有些晚了，我还是把西尔托里家所有中了毒的孩子都救活了，甚至是在其双亲都死了以后。

38. 我治好了阿格斯蒂诺·福尔纳里的水肿。

39. 治疗奥克塔维亚诺·马里亚诺时，我与卡韦纳加和坎迪亚诺发生了争执。我为什么要提起这次争执呢？然而，略去没提起的几乎数不清的病例，并不是说我的成功就减小了。

40. 有安东尼奥·马洛拉吉奥不幸的病例，但与这一失败形成对照的是，治好发烧、瘟疫、痛风绝对不是假的。就是因为这一病例，米兰的医生们常说，我碰巧治好病人不是因为我医术高超，而是因为我运气好，落到他们手里的都是奄奄一息的人，而落到我手里的都是注定能治好的人。

读者啊，但愿你不会吃惊，也不会怀疑我撒谎！所有这些事实都和我说的一模一样，出现的病例确实就是这个样子，甚至比我说的还要严重，数量比我说的还要多。我没有准确的记录，但我判断会达到一百八十，甚至超过这一数目。你也不要相信我爱慕虚荣，也不要想象着是我希望超越希波克拉底。

首先说到虚假陈述——我为什么要热衷于干这种蠢事呢？大家仔细看看我的陈述吧，谁要是能找出来我说过一句瞎话，我写出来的一切都会毫无价值。另外，为什么要指责我追求名利呢？要是有更严重的病例落到我手里，我认为无异于倒霉，我确实会感到没有信心，再依靠以前的成功经验怕是不行了。普林尼和普鲁塔克都谈到，恺撒在旷野里第五十次战胜敌人以后，打仗的欲望就不那么强烈了，免得辱没自己已经赢得的声望[1]。只怕这会更容易成为我的命运！

另外，我怎么胆敢指望每天的巡诊能给我带来殊荣呢？如果真有一线希望的话，只有找到一个君主做资助人才行。

---

① 普林尼，《自然史》第七卷，第二十五章，第二十五节，第九十二段。†

医生的工作能带来的荣誉不仅非常小，而且实际上一点也没有。希波克拉底名声显赫，并不是因为他治好过那么多人。据他自白，有一次四十二个人死了二十五个，只有十七个人恢复了健康。他之所以了不起，是因为他为医学理论和医学学科做出了贡献。

而我则恰恰相反，在这方面是双重的自惭形秽。首先，我行医时的好运气好像是来自神助，不是来自我自己的博学，而且好多次幸运陪伴着我成功时，我并没有指望将来能得到和我付出的艰辛相匹配的结果。吹嘘一切结果都是按照计划或设计而实现是不对的——虽然在主观上，我还是想尽可能表现得精明能干。

不过希波克拉底要对付的疾病是最厉害的。塞萨利是一片不毛之地，到处都是石头，寒风刺骨，水也匮乏，但酒都是原酒，蔬菜鲜美多汁。生活方式粗俗，药物一样没有，也没有任何精美的东西，行医非常吃力，这简直是要命。我要是在那里生活，绝对不可能出版这样精彩的成功故事。希波克拉底要是生活在和平时期，在一个气候温和的地区，有各种生活舒适用品，行医时就不会在到处都是岩石的路上跑来跑去了。

我写下这些，就算是我吹嘘自己行医成功吧，但还是要适可而止，我现在觉得只要我说的是真话，天主就会对我青睐。"什么？"有人可能会说，"他不是在很大程度上——就不说'仅仅'了——满足了你追求成功的虚荣心，尽管他不让你成功的花朵结出果实，你看看你这一辈子贫困潦倒，有那么多竞争对手，蒙受了那么多冤屈，吃了那么多苦头！"

最后，我知道我得到了本应属于我的荣誉，不仅没有人怀疑我信口胡吹，甚至对任何人我都没有怨恨。

第四十一章

我一生中罕见但正常的境遇，为我儿子报仇

　　我一生中意想不到但又很正常的境遇中，第一个也是最不同寻常的，就是我出生在这个全世界都为人所知的世纪，而古人所熟悉的世界不过是其三分之一。

　　一方面我们考察了美洲的——我这里指的是被阿美利哥命名的那个地方——巴西，其大部分地区以前都不为人所知，还有火地岛、巴塔哥尼亚、秘鲁、查尔卡斯[①]、巴拉那[②]、阿库蒂亚[③]、加里巴纳[④]、皮科拉[⑤]、新西班牙[⑥]、基多、奎尼拉[⑦]的西部地区、新法兰

[①] 玻利维亚早期的名称。†

[②] 位于南美洲中部，巴拉那河以西，大致相当于现在巴西的玛多克罗索州。†

[③] 此地位于南美洲中部，巴拉那河以东，相当于现在巴西的戈亚斯州或米纳斯吉拉斯州。†

[④] 此地位于赤道上，亚马孙河与奥里诺科河之间，现在的圭亚那南面一点，以居住在那里的印第安部落命名。†

[⑤] 此地位于亚马孙河南部地区，在南美洲正中央。†

[⑥] 指西班牙在美洲的殖民地，尤其是墨西哥。‡

[⑦] 卡尔达诺指的是基维拉吗？1691 年版《博恩地理词典》说："基维拉是北美洲的一个省，位于新墨西哥、苏阿尔山和佛罗里达之间，从来没有被任何一个欧洲国家征服过，甚至没有被完全考察过。在墨卡托的地图（1633）上，基维拉王国位于北美洲西海岸边，大致相当于现在的不列颠哥伦比亚。"†

西 ①，还有新法兰西南面靠近佛罗里达的地区、科特雷亚尔 ②、埃斯托蒂兰特 ③、马拉塔 ④。

除了这些地方之外，我们在南极洲东部地区发现了安蒂西亚人 ⑤，有点像斯基泰人，还有一些不为人所知的北方人，有日本 ⑥、比纳吉亚 ⑦、亚马孙，还有魔鬼岛那边的一个地区，如果不是虚构的岛屿的话——所有这些发现，肯定会引起重大的灾难性事件，以便维持其合理分配。

由于这些发现，越来越多的人相信艺术会遭到忽视和蔑视，确定的事物会换成不确定的事物。不确定的事物在某个时候可能是真实的，但与此同时我们会兴高采烈，就像在鲜花盛开的草地上一样。还有什么比烟火制造更让人吃惊的事吗？或者说比制造霹雳火更让人吃惊的事吗？人发明的这些东西，比诸神的闪电造成的破坏还要大得多。

了不起的罗盘啊，你也不会沉默，你指引着我们航行在浩瀚的大海上，穿过茫茫黑夜，穿过海员惧怕的暴风雨，穿过无路可走的荒野。

第四个奇迹是印刷术的发明，既是手工操作，又是智慧的发现——确实可以与神的智慧创造的奇迹相媲美。除了把天堂抢夺

---

① 指法兰西在北美洲的殖民地。‡
② 此地位于拉布拉多南部，以一个葡萄牙绅士的名字命名，此人可能于 1500 年前后发现了这个地区。†
③ 此地位于拉布拉多北部。†
④ 依据墨卡托的地图，该地区位于墨西哥北部，在新格拉纳达和新伊伯利亚之间。†
⑤ 指赤道另一边的人，影子投在相反方向。†
⑥ 各版本均为 Laponiam，我冒昧地认为是 Iaponia，也就是日本，发现于 1542 年。†
⑦ 此地不详。也可能是指中国。†

过来之外，我们还缺少什么呢！① 疯狂的人啊，你心里想的是虚荣，而不是人生基本的东西！精神上缺乏谦恭，克制不住创造奇迹的冲动，这是何等的高傲啊！

现在言归正传。这是 1557 年 12 月 20 日。我似乎一切都很顺利。我直到半夜才睡觉，刚开始有睡意，我的床突然开始晃动，然后整个卧室也随着一起晃动。我心里想，这是地震！最后我还是睡着了。

第二天早上天一亮，我问西蒙·索西亚——他现在和我一起在罗马——知道不知道有什么不同寻常的事，他睡在一张小矮床上。他回答说他感到床和屋子晃动了。

"在几点？"我问他。

"六点或七点的时候。"他说。

我来到公共广场上，随便问一些人是不是感到地震了，但没有一个人有感觉。

我回到家里，仆人慌里慌张地跑过来，哭丧着脸对我说，詹巴蒂斯塔娶了布兰多尼亚·塞罗尼，詹巴蒂斯塔确实爱着这个姑娘，但她既没有一点嫁妆，也没有人介绍。眼泪啊，悲伤啊，但又有什么用呢？我回来以后发现，婚确实已经结过了。这就成了一切灾祸的开端。

我仔细想想，那天夜里，某个信使想提醒我出事了，他知道当天晚上出的那件事，这个信使绝不是来自地球的。天亮以后，没等我儿子走出房间，我就去找他，并说："孩子，今天要当心，

---

① 模仿贺拉斯著名的《颂诗集》第一部第三首：

不仅如此，就连诸神或天堂
也难以避开我们明目张胆的罪恶：
我们企图摘下朱庇特的皇冠，
把不情愿的霹雳摧毁。†

千万不要惹祸上身。"

　　当时我这样说并不是由那个异人提醒的，而是因为他举止好像很不正常。我还记得当时的地点，我就站在门口。但我忘了是不是提到那个异人了。

　　没过几天，我又感到卧室在震动，用手摸了摸，感到心悸，也许是因为我往左侧躺着。我一坐起来，震动和心悸同时停止了。我又躺下来，震动和心悸又开始了，于是我意识到，震动和心悸是有联系的。我甚至记得上一次震动开始的时候，我就开始心悸，像是完全正常似的，但当时我没有意识到心脏是如何受到影响的。我只注意到有一种双重震动，一重是我心脏的跳动，另一重是精神反应，以心悸为媒介。

　　我这样解释是因为几年前有一个类似的情况。那个时候我有一个习惯，如果凌晨睡不着觉，我就翻来覆去地想心事。然而现在，最近这几年，如果我碰巧睡不着觉，也不再忧心忡忡。由此我判断，失眠可能只是一种不良习惯，而不是神灵显现。

　　1531 年，发生了一件类似的事。邻居家有一条狗，平时非常规矩，这时却一连嚎叫了好几个小时，表现反常。乌鸦卧在房梁上，不停地呱呱叫，很不寻常。僮仆弄散了柴火，火星四溅，没等我明白过来是咋回事，我就发现自己结婚了！从此以后，各种灾难就一直伴随着我。

　　但千万不要贸然下结论，所有这些征兆都是超自然的。甚至我只有十三岁的时候，在圣安布罗焦广场，就有一只乌鸦飞到我身上，从我衣服上撕下来一块布。我虽然用力赶它走，可它还是不想让我走。不过尽管发生了这件事，无论是我还是我家里任何一个人，好多年都没有出啥事。

　　我见过很多不寻常的景象，不过都是自然现象。举个例子来说，我小时候看见一颗星星，像金星一样在高空闪亮，当时是二十二点，我们整座城市都能看见。后来，1531年我看见三个太阳，灿烂的阳光全都投射到东部天空。这件事发生在4月的威尼斯，我碰巧在那里。这个奇观一直延续了大约三个小时。

很久以前，大约在1512年，在贝加莫周围靠近阿达河的地方，据说一夜之间落下一千多块石头。在此之前，黄昏时分，空中出现了一面大红旗在飘扬，就像是一束巨大的亮光。其中一块石头我小时候见过，重一百一十多磅，我忘了是普通磅还是大磅，111大磅相当于259米兰磅。我见到这块石头是在马可·安东尼奥·杜加诺家里，他家临近圣弗朗西斯教堂。石头形状不规则，每一面都断了，这个样子就是让它往下落的。颜色灰白、脏兮兮的，一摩擦有一股硫黄味，很像普通的磨刀石。这样说可能是歪曲，各个地方都挖掘出了这样的石头，全城人都叫它磨刀石①。

最后这个信息我是自愿提供的，因为无论是加斯帕雷·布加托还是佛朗切斯科·圣索维诺，我在其作品里都没有看到对下石头雨的描述，这两个人都是这一时期意大利严谨的历史学家。但这些良民为什么要编造这样一个故事呢？实际上其他任何地方都有石头展示，虽然比这小一些。对于当时在位的君主来说，这一现象也不是个好兆头。那些心里老想着叛乱的人，看到这阵子石头雨之后，会更加坚定他们的造反信念，这个道理大家都懂。石头雨在这方面也许有些作用，因为它提供了一个明显的借口。

不过在那一段时间，大家以各种方式知道了威尼斯发生了强烈地震，教堂里的钟自动鸣响。这件不吉利的事发生在1511年。

1513年，米兰公爵马克西米利安·斯福尔扎搞的元首统治完全失败，在诺瓦拉被法兰西人包围，一群法兰西狗进了城，对瑞

---

① 十八世纪科学家对流星的怀疑，显然从文艺复兴时期就开始了。†

士狗摇尾乞怜。阿尔特多夫的雅各布·莫蒂诺是瑞士的高级军官，多次参加过战斗。他发现狗的表现之后，急忙找到斯福尔扎，对他说肯定能赢得一场决定性胜利。结果第二天就获胜了。

我说这话好像是跑题了，但对于说明一下我出生在一个有幸见到很多奇迹的时代，这还是切题的。我年轻的时候，甚至是现在，一旦突然从睡梦中醒过来，我卧室里的一切好像都沐浴在亮光之中，但这一亮光很快就会消失。据说皇帝提比略也有过同样的经历。

1565 年 1 月 23 日前一天的夜里——那天我的仆人塞西奥走了，克拉索来为我效力——我的床两次着火，我预感到我不能再待在博洛尼亚了。我第一次有机会离开，我克制住了这一念想，结果我发现第二次走不成了。

1552 年，留在家里的一条温顺的小狗跳到我的写字台上，把我公共讲座的讲义撕成了碎片。《命运书》好像更妨碍这条狗，但狗根本就没有碰它。到了年底，我出乎意料地放弃了公共讲座，之后八年都没有再开讲。

当最微不足道的小事异乎寻常地反复出现，从这些小事上得出推论，到啥时候都是合乎情理的。就像我在其他地方说过的那样，网子是由一个个网眼组成的，人生中的一切也是由很多小事所组成的，这些小事反复出现，一会儿聚集成这个形象，一会儿聚集成另一个形象，就像云卷云舒一样。

我们的事务不仅通过最小的事情增加，而且这些小事还要逐渐分解成无限微小的组成部分。只有人在各门艺术中、在展示判断力时，或是在公民生活中是个样子，才能够升到顶端，明白所有这些影响力的意义，知道如何在处理事务时对它们加以提防。所以，任何看上去微不足道的东西，都应该给予应有的关注。

　　洛多维科·法拉利及其表亲卢卡从博洛尼亚来的那一天，院子里的画眉一反常态，一直叽叽喳喳地叫个不停，我们就等着有人来。这是1536年11月最后一天。画眉叫和洛多维科来有什么关系吗？一点关系也没有！不知道有多少次，这样的兆头没有一点意义！

　　有些人，比如说奥古斯丁，通过某种难以描述的推理，发现一些兆头对他们有利。而其他人，比如说恺撒和苏拉，则对这些兆头不屑一顾。这就像赌博时试图推算自己的概率一样：其方法落空或模棱两可。凡是超自然的东西，都不受自然规律的支配；而受自然规律支配的东西，绝对不会让人感到惊奇，除了愚昧无知的人之外。

　　我在加尔达湖里差一点淹死时，当时的预感是另一码事。我不敢上船，但不知道是什么原因，当时风平浪静。

　　就在这一年，发生了很多不同寻常的事件，其中有一些预示着"释放"，还有一些预示着灾难，比如说我脖子上戴的项链断了，一块绿宝石就悬挂在这条项链上。但在此之前，最令人吃惊的是，我戴在一根手指上的三枚戒指熔合成了一枚。这样分分合合就很值得赞叹，尤其是释放和定罪紧跟着这些预兆，就更值得赞叹了。

　　然而，这些事都是天主做出的安排，所以就预兆来说，不能算是奇迹。

　　我从最小的时候起，好像就注定会夭折，因为我呼吸困难，两只脚至少在半夜之前冷得要命，小小年纪就心悸、漏汗，长大以后漏汗全部由大量的排尿所取代。我的牙齿少，一点劲也没有，右手不紧凑，生命线很短、不规则、断断续续、分岔，其他主线都细如发丝，或歪歪斜斜。还有几颗司命星，从各个方面威胁我的生命，所有人都说我会死于四十五岁之前，但全都是愚蠢的结论，我还活着，活到七十五岁了！这不是技艺不可靠，而是艺人缺乏经验。

当然，如果说真有什么预兆的话，亚里士多德就是再明显不过的例子，在他的著作里根本就看不到一点预兆的蛛丝马迹。

我还是接着讲我儿子的故事，这个故事在某些方面更值得关注。我儿子被杀死了。没到一百二十一天，议事会成员法尔库齐奥就死了，临死之前他大声说自己是死于某个人的残忍无知，这个人劝他投票赞成判处我儿子死刑，不同意对他宽大处理。不过在其他方面，议事会成员法尔库齐奥是个品德高尚的人。

哈拉在我儿子判刑之后马上就生了病，跟着法尔库齐奥一起死了。他患了肺病，咳出一叶肺之后就断了气。

主审法官里戈内埋葬其原配夫人的时候，葬礼上连一根蜡烛也没有被点燃——这件事让人吃惊，不过千真万确，我听很多人说过。我还听人说过，这位法官虽然名声很好，却遭到别人起诉，凭借死亡才躲过去。连他的独子，一个正在成长的小伙子也被冲走死了，所以完全可以说这一家人受了诅咒，中了魔法。

没过几天，我儿子的岳父就锒铛入狱，是他导致了我儿子死亡。最后他丢掉了讨债职务，不得不乞讨。他特别喜爱的一个儿子死在了绞刑架上，我听说是在西西里判的刑。

凡是控告我儿子的人，没有一个躲过可怕的灾难——不是生病就是死亡。就连统治者和君主，差不多在各个方面都是个大度仁慈的人，后来对我儿子的事也漠不关心，因为他对我怀恨在心，或是因为控告者太多，让他招架不住了，结果各种灾难不断：他患了重病，各种官司缠身，他孙女也被其丈夫谋杀了。紧跟在这些灾难后面的是他当众受辱，吉尔巴岛失守了，王家舰队也被打垮。

我并不是傲慢或发疯，以为这些事件都和我有关系。然而最有善意的人就像暴风雨中的庄稼一样，在遇到大灾大难的时候倒下去了，因为他们失去了最优秀君主的保护，这些君主陷入到国家或个人的不幸之中。遇到这些情况，邪恶的密谋者通常是等待，要达到其罪恶目的，没有更好的办法了。

第四十二章

我在行医和其他事情上的先见之明

我继续讲自己的故事。在先见之明这件事上，是什么给我带来了超出我期望的名声呢？是神灵的启示？是我具有的沉默之神哈伯克拉底的气质？还是某种判断力和智力上的完美？我说不准。我在医术上崭露头角，是在治疗塞西莉亚·玛吉、詹贾科莫·雷斯蒂的儿子和其他很多人的时候。在我取得成功的这么长时间里，没有一个人能吹嘘他有洞察力。与此相反，就连那些试图在其他方面贬损我治疗方法的人，在洞察力这个问题上，也总是把我放在第一位，虽然我本人从来没有宣称自己是第一。

另外，其他因素先抛开不说，我在博洛尼亚的时候，如果有人愿意为一个病人支付十克朗，我就会把这个病人仔细检查两三遍，甚至只检查一遍，如果我不能准确说出他即将死亡的原因，一旦确认我说错了，我会偿还他十倍的钱，当时我不是这样承诺的吗？我的对手对一些名人进行了尸检，一开始当着我的面，但最后发现我没有出过一次错，他们就偷偷地验尸，免得由于无知而老是惭愧。我在那里担任医学教授达八年，其间没有一次诊断时有人敢反驳我的意见，甚至连抱怨都不敢，在这方面我非常幸运。

在我的专业治病这一领域之外，肯定人人都对我的预言感到吃惊，这些预言是我与英格兰国王爱德华六世磋商时做出的[1]，当时我觉察到将要出现的灾难，觉察到灾难来自何方。我为儿子的死亡写了一首"哀歌"，我把在一些事情上的预言写进这首歌里，这里就不再说了，因为这些事件本身不可能提起这些事[2]。但我认为这更接近奇迹而不是神谕，我预见到了儿子死亡之后第八年发生的事。

不过我多次说过，我并不认为这一预言能力是为我增光，我宁愿让预言落空，也不愿这一预言为我挣面子。我从一开始就宣布会失去塞浦路斯[3]，也提出了自己的理由。就连非洲城堡，我也绝不是没有一点把握[4]。但我不想让任何人觉得这些事情太离谱，或与魔鬼有关，或与占星术有关，实际上这些事情是基于亚里士多德的理念。真正的预言能力，他说只有审慎聪明的人才具备。[5]

我在了解清楚一切有关的情况之前，不习惯发表意见或做出预言。我首先了解有关地方的特点、人的习俗、君主的突出特征、当地人的历史及其贵族，搞清楚他们在很多秘密会议上协商的事情。凭借这些资料，再加上一套我自己的方法协助——这套方法我不会说出来——我会再公开发表意见。

---

① 1552 年夏，卡尔达诺从苏格兰返回，途经伦敦时觐见了国王爱德华六世，应邀为国王占卜。其预言大部分没有应验，卡尔达诺的解释是英格兰的宫廷事务被整个卷入了诺森伯兰的阴谋，这一状况提醒他，简单敷衍两句是唯一可行的外交对策。†

② "哀歌"请参见第五十章。†

③ 1570 年，塞浦路斯落到土耳其人手里，这一事件导致了 1571 年著名的勒班陀战役。†

④ 也许他指的是突尼斯。1574 年，奥地利的约翰阁下失去了突尼斯，落到了土耳其人手里。†

⑤ 如果我读的是卡尔达诺所指的那一部专著，其中亚里士多德谈到预言能力，我发现有些相反的说法："这一预言能力任何一个普通人都具有，并非最聪明的人才有。"亚里士多德，《心理学·论预言》第二章。†

另外，听听我自己的方法有哪些准则，有什么性质：doctrina crassa，dilemma，Τρόπος，amplificatio，splendor singularis，dialectica①。对这些准则我进行了长期刻苦的练习和沉思，而我认为沉思甚至比练习更重要。

尽管如此，我还是经历了一些事情，对这些事情我无法提供合理的解释。我年轻的时候，没有一个人把我推荐给一个名叫乔瓦尼·斯特凡诺·比菲的人为他看手相，不过他请我预测了他的人生。我对他说他的同伴会耍弄他，还说如果我预测到什么严重的事，请他原谅我。于是我预言他很快就会面临吊死的危险。没过一个星期，他就被捕受到拷打，但他硬是不认罪。他虽然坚称自己是无辜的，但是没过六个月就在绞刑架上丧了命，临死之前审讯者还砍掉他一只手。

小伙子詹保罗·欧福米亚一度是我的学生，他所经历的事很难说是运气。一切都发生在一个月之内，正式签字的文件还在手边。一天晚上，他看上去完全正常，我吩咐他把信纸簿拿来。我在信纸上写道，他要是不当心很快就会死亡。这一次我既没有求助于星象，也没有求助于计谋。我提出了理由，提交给他。不出六天或八天，他生了病，不久便死了。

对于那些缺乏理解力的人来说，这些事情不亚于奇迹，而一个聪明人要是看了我写下来的内容，他就会说我看到了必然要发生的事，不会说我奇迹般地揭示了未来的奥秘。

罗马的那件事怎么样？宴会上有多少客人，就有多少目击

① 这是一套修辞"准则"或方法，卡尔达诺经常提到。第一个 doctrina crassa 我没有找到定义。Dilemma 是双重主题，或是让辩论对手陷入两难的辩论。第三个当然是比喻。Amplificatio 就是亚里士多德的 αὐξητιχά，其目的是通过加强一个目的或行为的详情，来增加修辞效果和陈述的重要性。Dialectica 是用提问或回答的方法来进行逻辑论证，就像亚里士多德那样。Splendor 是卡尔达诺的措辞，可能是指直觉或顿悟。†

证人。我说："我觉得你们一部分人要是不会感到不安，我就说句话。"

一位客人说："也许你会说，我们中间有个人会死。"

"是的，"我回答说，"好像是这样，就在今年。"

12月的第一天，一个叫维吉里奥的人死了。

另外，我们人类所关心的事，都取决于最微不足道的细节，这些细节会带来重要变化。我猜想这样的小事，甚至更小的事，决定了我们人生的道路。不知道的事我不会说。

我在罗马住在拉努齐宫的时候，一个法兰西人来找我，想和我在私下里说句话。我说我们说话只要别人听不见就行了，我一再这样说，他便走了。我觉得蹊跷，就派几个人去找他，但找不到一个见过他的人。这件事你怎么看？那家伙居心不良！

我对塞浦路斯的预言需要解释吗？我不止一次听说土耳其人的装备，还听说基督徒的装备，就断言我们应该担心被人打败。我说这句话时，枢机主教斯福尔扎[①]是见证人。我列举了理由，结果证明我说得对——塞浦路斯岛因为暴力和误算而丧失。

这些事情，还有类似的事情发生在好学、勤勉、有见识的人身上，但并非无缘无故，而且不是在任何情况下都发生。其中最合乎情理的预言与艺术发展有关，比如说手艺。

---

① 亚历山大·斯福尔扎·圣菲奥雷，教皇保罗三世的叔叔，从 1565 年起担任枢机主教。†

第四十三章

绝对超自然的事物

发生这件事的时候，我正在帕维亚学习。一天早上，我还没有醒过来，感觉墙被撞击了一下，而隔壁屋子里没有人住。我醒过来以后，马上又感觉到一下敲击，像是锤子敲打的。到了晚上，我听说好朋友加莱亚佐·罗索在同一时刻死了。而关于这个人，我有很多话要说。

我不把这一事件归因于奇迹。首先，由于一个声音接着另一个声音，整个事件可以归因于一场梦。其次，这很可能出于某个自然原因，比如来自一股喷出来的水汽。第三，我碰见的那些人发现我被这一特殊事件吓到了，担心这是灾难的预兆，便一整天都待在家里，编造了加莱亚佐在那一刻死亡的故事，虽然他早在此之前就死了，他们还是把他死亡的时间说成在那天破晓时，但是很少有病人死在这一时刻。

所以，我不把这一征兆当成奇迹，这在很多方面都不能让人信服。但由于发生过类似的事，对于这样的事，每个人都要做出判断，从他自己的观点来看是怎么回事。

1536年，我住在托萨门附近，7月份的时候——如果我没有记错的话——我从餐厅来到院子里，闻到一股浓烈的蜡烛味，可见蜡烛是刚刚熄灭的。我有点吃惊，就把仆人叫来，问他发现了什么。他以为我指的是声音，就说什么也没有发现。但我说明自己关注的不是声音，而是想知道他闻到了什么，他大声说："蜡的味道，非常可怕！"我说："别出声。"

我又问女仆和我妻子，除了我母亲之外，她们都表现出吃惊的样子。母亲啥也没有闻到，我认为是头受凉造成的。我断定由于这一征兆，有人很快就会死亡。我虽然回到床上，但还是睡不着。

看，又一个征兆，比第一个还要明显。虽然没有一头猪，大街上却有猪的呼噜声，随后又出现了类似的情况，也有鸭子呱呱叫。我问自己这是什么意思。这么多兆头是从哪里来的？鸭子为什么和这些猪偶然碰到一起了？而猪一整夜都在打呼噜。

早上，这么多征兆把我搞迷糊了，不知道怎么办才好。吃过早饭，我散步到城外，回家的时候看见我母亲，她示意我赶快走，说我一个邻居乔瓦尼被闪电击中了，这人曾担任过传染病院的监督员。传言说十二年前他辞去了这个职务，因为瘟疫肆虐得非常厉害，他偷走了很多东西，还养着一个情妇，从来也没有忏悔过，他肯定还犯过其他更严重的罪行。虽然如此，但他是我的邻居，他家和我家中间只隔了一间简陋的小屋。我看见他确实死了，他一死我就解脱了，作为邻居我就不再关注他了。

你会问这件事和我有啥关系。我捡了一条命，我本人也可能在那里被闪电打死。虽然不是太经常，但是我有时候会坐在他家门廊下面和他聊天，那是个阴凉的小角落。

第二个征兆出现的时候，我母亲最后一次生病躺在床上。我醒了，太阳虽然升起来了，阳光灿烂我能看得很清楚，但我啥也没有看见，只听到十五下滴答声——当时我数着数——像是水一滴一滴地落到路面上。另外，前一天夜里，我数到大约一百二十滴水声。我心里发毛，因为我觉察到声音来自右边，可能是一个佣人在嘲笑我焦虑不安，或是这声音在白天没有引起注意，而到了夜里就让我确信了。

不久之后，我听到猛烈的撞击声，像是一车木板一下子倾倒在天花板上面，卧室也晃动了。我在前面说过，我母亲死了。我不知道这些声音意味着什么。

1570 年 6 月中旬前后发生的一件事，我不打算详细描述。我好像在夜里起来走动，门关着，窗户也闩上了，我好像坐了下来，随后听见巨大的爆裂声，像是从我保险箱里发出来的。也许这可以归咎于想象得太多了。关于这件事我找不到一个人可以询问。

我二十岁那年——如果我没有记错的话——有个人卖给我一本罗马作家阿普列乌斯的拉丁语抄本，然后马上就走了，这个人是谁？说实话直到此时，我只去过一次小学，也不懂拉丁语，但竟然因为有镀金装饰，就傻乎乎地把这本书买了下来，到第二天就通晓拉丁语了，就像今天这样。几乎与此同时，我学会了希腊语、西班牙语、法语，但只会阅读，根本不会用这些语言说话或持续交流，也不懂语法规则。

1560 年 5 月，儿子的死使我感到极为痛苦，逐渐失眠。无论是禁食，骑着马穿过灌木丛，让枝条抽打我的四肢，还是和那个讨人喜爱的小伙子埃尔科莱·维斯孔蒂下棋来消磨时光——连他也熬夜熬得筋疲力尽，所有这些都不能让我忘掉悲伤，我就恳求天主怜悯我。

这样没完没了地彻夜不眠，我非熬死不可，或非发疯不可，或至少会放弃教授职务。我要是辞了职，就失去了生计，过不上体面的日子了。我要是发了疯，就会成为所有人嘲笑的对象，我要花光剩下的那一点祖产，看不到改善状况的一点希望——我已经老了。于是我就祈求一死，这是所有人最终的命运。想到这里，我上了床。

　　天色已晚，我要在四点起床。我只在床上安安静静地躺了两个小时，就进入了梦乡，好像听见一个声音从阴影里逐渐靠近。是谁的声音？是谁在那里？由于天黑，我分辨不出来。那声音说道："你为啥抱怨？"或是"你为啥悲伤？"

　　不等我回话，那声音又继续说道："因为你儿子死了吗？"

　　我回答说："你怀疑吗？"

　　那声音说道："把你项链上的那颗宝石放进嘴里，只要它一直在你嘴里放着，你就会把儿子忘掉了。"

　　这场梦把我惊醒了，我老是想："这颗绿宝石和遗忘又有啥关系呢？"但过了一会儿，我一看没有其他办法来逃避痛苦，就想起了那段话：

　　　　他在无可指望的时候，因信仍有指望，就得以作多国的父，正如先前所说："你的后裔将要如此。"他将近百岁的时候，虽然想到自己的身体如同已死，撒拉的生育已经断绝，他的信心还是不软弱；并且仰望神的应许，总没有因不信，心里起疑惑，反倒因信，心里得坚固，将荣耀归给神。且满心相信神所应许的必能作成。所以这就算为他的义。[1]

　　这说的是亚伯拉罕。

　　我把宝石放进嘴里，看，一件让人难以置信的事发生了，我马上把儿子忘得一干二净———开始是我被带到一个梦境的时候，然后是未来将近一年半时间里，一直到我撰写《西奥尼斯顿》或《论极北乐土之民》第二卷的时候[2]。与此同时，我吃饭或讲课的时

---

① 《圣经·罗马书》，4：18–22。†
② 这本书是对话体，其主题是人死后灵魂的生活和幸福。†

候，由于无法凭借绿宝石方便地受益，我苦恼得要死。这样，我好像又逐渐恢复了睡觉的能力，恢复了正常生活。

另外，这件非同寻常的事有个特点，那就是从一种状态转换成另一种状态的时候——从记得悲伤转换为忘掉悲伤——中间好像没有一点耽搁。

1572 年 8 月 13 日前夜，我屋里有亮光，我完全醒着。夜里两点刚过，忽然，我听见从右边传来一个可怕的声音，像是有人在卸下一车木板。我马上回头看，因为这一声音在我卧室入口处，或是来自我仆人睡觉的卧室。我看见一个农夫，从敞开的门口进入房间。我一直紧张地看着他，这有多种原因。他快到门槛的时候，这样说道："Te sin casa。"

说完他就消失了。

我既没有听出来是谁的声音，也没有看清他的相貌，无论用什么语言，都不能解释他说的那句话。我在其他地方回答了这个问题，也就是为什么会发生这样的事情。

有人可能会提出反对，为什么只有少数人才经历这类奇事？我回答说，如果真是这样，人们会如此积极地为政府和官员而奋斗吗？或是会用那么多可恶的手段来实现抱负吗？我断言这不是确定此事的地方，我的肩膀也担不起这样一副重担，而是应该把它交给神学家。我把我的真实故事讲出来就够了。

我要克制，不详细讲述在博洛尼亚发生的打雷事件，当时雷声在我卧室上方回响，但卧室没有震动，所以不祥的预感并不是那么强——就像木板那可恶的哗啦声一样。但这一阵惊恐过后，除了我母亲之外，并没有一个人死亡，不过她是由于年纪大而衰竭了、病死了。

同样，对于我那个表的顽固表现，其详情我也略去不提。和甩土那件事一样，这很容易用自然原因来解释。1559 年 10 月和

11 月，每天都有土从我家壁炉底下甩出来，差不多是在众目睽睽之下。这是我亲眼所见，我也没有睡着，甩土的时候是大白天。

1570 年 3 月 25 日前后，我为资助人枢机主教莫罗内开了一份处方，其中有一页掉到了地上，让我很恼火。于是我就站起身来，我一站起来，那页处方也同时飞了起来，往护墙板飞过去，竖立着贴在护墙板上。我大吃一惊，把鲁道夫叫了过来，让他看看这个奇迹，但他没有看到纸飞行的具体过程，我也搞不清楚这件怪事的意义，我不想老是找麻烦。结果表明我的一切事务都变了，吹过来的风也更温和了。

一个月以后——我相信是在 6 月——我给同一个人①写信的时候，四处寻找撒沙器②。每一个可能存放的地方我都找了一遍，还是没有找到，我就捡起那张信纸，想搓一点土往信上撒，这时才发现沙盒就在信纸下面藏着。这个圆形的小盒子只有一又四分之一英寸高，所以直径只有一英寸。盒子是怎么藏在那张纸下面的呢？我就在那张纸上写字，纸是铺在一个平面上的。

这件事对我产生了这样的影响：让我更加相信通信者的善心和智慧，我相信他会用这一智慧在最杰出的教宗③面前为我求情，不让我再受苦受难，我已经在逆境中度过了那么长时间。

同年 10 月 9 日所发生的事情，好像让一切都显得那么公平、清楚和明确。我在 6 日被投入监狱，交了一千八百金克朗的保释金。到了 9 日的 9 点，灿烂的阳光照进我被监禁的房间。逮捕我的那几个人走了以后，我吩咐鲁道夫·塞尔瓦蒂科把寝室的门闩上。他不愿意这么做，对我荒唐的想法感到极为惊讶——不知道

---

① 即前面提到的枢机主教莫罗内。‡
② 类似于餐桌上的盐瓶，里面装的是沙子，撒在文件上以吸干多余的墨水，这是鹅毛笔写字时常用的工具。‡
③ 教皇庇护五世。†

这是因为天主的意志，还是因为我受到理性的影响——因为我被迫受到监禁的羞辱，不应该表现出与狱卒交往的愿望。

不过鲁道夫·塞尔瓦蒂科还是服从了，看，房间的门刚关上，就听见一声可怕的敲击声，声音在四面八方回响。紧接着就在我们眼皮子底下，敲击声往窗框跳过去，窗框上洒满耀眼的阳光，也有一次类似的碰撞，碰到窗户和格子上，好像拴扣嘎吱作响的样子，然后就停了下来。

看到这一怪事，我马上开始为自己不幸的命运感到悲伤，但明显可以看出，我所解释的一个惨死的确切征兆，实际上指向了生。

不久之后，我开始这样劝我自己：如果有那么多王子，虽然他们年轻、强壮、快乐，但为了父王而让自己面临必然的死亡，以此赢得父王的青睐，而搭上性命之后也绝对得不到任何回报，那么你这个老朽，瘦弱，名声也基本上臭了，如果他们认为你有罪，就让你为自己的罪过而受折磨，如果在天主眼里你不应该遭此不幸，就让你为自己所受的冤屈而受折磨，但这怎么可能呢？天主大慈大悲，表明你所有的事务都由他照管。

如此看来，我一直担心的死亡危险不会有了，在人性所允许的范围内，我活得很自在。我就这样活着——虽然我这一辈子可以说是结束了——而我记得以前即便是拘禁我一小会儿，也会让我感到窒息。

我在前面说过，发生这件怪事的时候，鲁道夫就在现场。第二年他获得了学位。

不过这样的反常事件有这样一种效果：事件正在发生的时候，或就在发生之前不久，会给人留下深刻的印象，吸引住他的全部注意力。然而其影响力最初的热度一旦冷却卜来，效果一减弱，除非你确定它们的真实存在，就像把它们钉在意识里似的，你简直会怀疑自己是否真的看到或听到什么。我相信出现这种情况的原因，比我们自己的本性和产生这些现象的缘由之间的深渊还要深。

我认识一些人，这些人为了显示出讽刺性，就嘲弄这些明显是超自然的事件，还煽动别人嘲弄。这些人之中的巨子是希腊人波力比阿，他是一个没有哲学体系的哲学家，不知道一个历史学家的职责是什么，但他超越自己的领域，使自己成了笑柄，虽然有时候也值得钦佩，比如他在其《历史》第二卷里对亚加亚人的论述。

还有什么？塔尔塔利亚说得对，没有一个人是百事通；不仅如此，那些不知道自己对很多问题一窍不通的人，连心窍都还没有开。看看普林尼吧。他虽然出版了一部非常优秀的史书，但在谈论太阳和星星的时候，还是表现得像一头牛。波力比阿关注的是更高尚、更神圣的主题，所以明显暴露出他的粗野，这让人惊讶吗？

对我来说，一件事也就够了：懂得并领会所有这些奇事的意义，对我来说比整个永恒的宇宙都更加重要。我对所有的神灵起誓，这是我的真心话。

我要是愿意的话，可以在这一章里收入我父母常给我讲的一些奇事，这些奇事像是无稽之谈，只配付之一笑。不过后来我不是明确认识到，这些事情无足轻重吗？我不敢把那么多都归功于长辈的智慧和勤勉，希望他们讲述的奇事能够得到证实。

实际上这就足以让我确信了：这些奇事是当着一些人的面无意中看到的，这些人都快死了，都是大好人或大坏蛋。所以，既然是这样，这些征兆就不可能是偶然发生的，而是自然的或神赐的。人的脑子既没有被恐惧吓瘫，也没有被矛盾情绪搅乱，在这样一个脑子里，强烈的精神刺激，再加上显示出来的奇迹，会削弱错误观念的基础而不是使其增强……一个女孩按照父亲的吩咐向天主祈祷，她认为应该把父亲释放，奇迹怎么会影响这样一个女孩呢？[①] 但这类事情我已经说够了！我在这里只是尽可能简要地说明这些事件出现时所表现出来的性质——而且这些事件既没有人怀疑其错误，也没有人怀疑其虚假。还有很多事件不太相干，我就不再说了，虽然它们显然是神灵显现。还有些事件我也略去不提，这些事件我甚至更加相信其不同寻常，因为是我亲眼所见，但其超自然力的证据不足。每个人都可以在拙著《评注》里看到这些事件。

读者啊，我只求你一件事：在你阅读对这些奇事的描述时，请你不要为人类的智慧感到骄傲，不要把这确定为标准，而是要认识到大地和天空的浩瀚无际。与这一浩瀚无际相比，我们都被禁锢在这些狭窄的阴影里，既悲惨又焦虑，这样你就很容易认识到，我没有讲述任何不可信的东西。

---

① 这段话不仅拉丁文版有些含糊不清，而且一个奇迹显现的例子也仅仅放在一个注释里，卡尔达诺好像要进一步详述这个事件和这个主题。†

第四十四章

我在各个研究领域取得的重要成就

我先以开场白的方式提醒你，一个人几乎提不出新观点。在"辩证法"①里，虽然已经知道有一个体系，也就是亚里士多德的体系，我还是把这一体系及其应用分开，这样每一个弟子都可以研究欧几里得、托勒密、阿基米德、希波克拉底、盖伦、司各脱为辩证法制定的准则。除此之外，我还详述了"两难推理"②的实际应用，同样还有"准则总量"③的实际应用，"比喻"④的实际应用，"详细阐述"⑤的实际应用，"分析"的实际应用。凭借这些准则，很多人急不可待地去寻找无形之物，想把事物的灵魂与其物质结构分开，从而将让人惊讶的诡辩术试验置于真正的科学知识之前，这样他们就可以从一个有限的经验领域得出意义深远的结论。他们像是在凡人中完成这个循环，将开始与终结连接起来，就像是诸神一样。从读物中挑选数字或例子，也不是他们体系的组成部

---

① 即前文提到的"dialectica"。‡
② 即前文提到的"dilemma"。‡
③ 即前文提到的"doctrina crassa"。‡
④ 即前文提到的"Τρόπος"。‡
⑤ 即前文提到的"amplificatio"。‡

分，读物是抄写得非常不准确的参考资料，这样他们就把数月的学术研究工作缩减到一个小时的论证。

他们的浅薄甚至走得更远：他们一度很重视即席讲课的才能，现在则不当一回事了。有些人把这样的能力归因于恶神[①]的影响，这些人应该被原谅，因为他们既分辨不出什么是真正的善，也分辨不出什么是天主的恩惠。

在算术方面，我推动了几乎整个学科领域的研究，包括他们所说的代数部分[②]。我的发现还涉及数的特性，尤其是那些相互之间具有相似比例的数。我还详细论述了已经发现的数值函数，展示了一种简化了的处理方法或某种不寻常的公式法，或者是二者皆有。

在几何学方面，我论述了混杂和优角比例，用有限数来处理无穷数，虽然这是阿基米德首先发现的。在音乐方面，我发现了新音色和新音程，或是根据托勒密和亚里士多塞诺斯的论著发现的音色和音程恢复对它们的应用。在自然哲学方面，我把火从四

---

① 恶神（evil genius），西方传说中伴随每一个人的精灵，试图对人产生负面影响，与"good genius"，即"善神"相对。这一概念后来由哲学家笛卡尔加以引申，成为其怀疑论中的一个方法。‡

② 在卡尔达诺出版的大量著作中，只有其数学作品得到持久关注。现代代数提到——如果不是详细论述的话——三次方程的通解"卡尔达诺公式"，一些数学学会也会论述过，如1900年皇家科学学会的回忆录里收录有一篇《卡尔达诺公式的不可约案例》。实际上这个公式的发现者是尼科洛·丰塔纳，人称塔尔塔利亚。但通过卡尔达诺的努力，这个公式才成为数学的一部分。莫利在其《卡尔达诺传》第十二和十三章，讲了卡尔达诺在数学上剽窃的一个有趣故事。不过加利福尼亚大学教授弗洛里安·卡乔里在其《数学史》里讲述这个案例时，却远没有这么动情，对卡尔达诺在这件事上的做法只是存疑。我的看法居于二者之间。"这是当时的惯例，后来又延续了两个世纪，"卡乔里先生写道，"也就是对自己的发现保密，这样就可以提出对手无法解决的问题，以此来战胜对手。"我发现卡尔达诺通常并不遵循这一惯例，他的做法好像纯粹是为了科学利益，如果说他采用了剽窃手法的话。但是塔尔塔利亚生性暴躁，像他这样一个人，做事不带偏见是指望不上的。†

大要素①里剔除，证明万物在本质上都是冷的，各要素不能相互转化，赞成轮回学说。我证明只有两种真正的特性：热和潮湿。阐明了盐和油的基本特性，证明构成完美生物繁殖基础的原理不在于交媾行为，除非这一行为伴随有大气起源时产生的热。

我教导说天主应该被称为无限，任何拥有分化和有组织的器官的物体都有生命本能；依据哲学家的说法，我们自己生命本能的存在及其不朽性是真实的，并非一场虚幻的梦；万物都依照数——比如说，一个品种的植物，一簇叶子的数量是一样的，种子的数量也是一样的。

我论证了类比原理通过一种媒介和一种材料而起作用的过程，并由此产生了很多不同的种类和那么多美。土自成一体，可以说并不与水相混合，所以经常发生一种物体插入另一种与之相对的物体这一情况。为什么东比西好？冬至和夏至过后太阳返回的时候，极端温度会增加很多天，这是为什么？命运是什么？命运是如何控制人事的？

我论述了一些特殊情况的原因，比如说如果骰子里没有灌铅②，掷一千次必然会掷出一次幺点骰子③。

我证明了不同种类的生物，都是根据叶子的性质从植物的所有叶形中产生的。自然本身毫无意义，是一种想象的虚无的概念，由亚里士多德提出，成为很多错误的开端，其唯一目的是他可以用这一名义来推翻柏拉图哲学。

我提出的其他学说不胜枚举，但尤其是这一个：我教导说，对宇宙进行细心观察，会导致一种艺术表现和创造性劳动。不过在我之前，没有人提出过这样一种看法。

---

① 即土、空气、火、水。古希腊哲学家认为，这四大要素构成了宇宙万物。‡
② 往骰子里灌铅是赌博时一种作弊的手段。‡
③ 如果我对原文理解正确的话，这是个最离奇的说法。†

在道德哲学领域，我断言所有生灵的地位都是平等的，不仅所有的人都平等，连所有生命体都是平等的。由此可以推断，凭借死亡，所有活动都均等了，人从灾难中寻求好处是正当行为。我还探讨了什么是最好的生活方式，怎样才能维持一种平静的生活。

道德哲学中有三种状态。一个人要是不知道什么是善，什么是恶，也不知道善恶的意义，在普遍关注人的生存问题时通常就是可取的。另一方面，完全相反的情况则是正确的；在其他情况下，在任何特定情况下什么是善行，这是一种选择或是问题。了解一般人的风俗是一个要考虑的重要问题。然后根据种族特征来了解其风俗及其他特点，比如说习惯，最后是他们的普遍特点或种族特点。

在医学方面，我贡献了准确测算病情危险期的持续时间的方法，贡献了普遍缓解痛风和瘟疫引起的发烧的方法，贡献了油的多种转化，贡献了用不催泻的药来制作泻药的方法，贡献了一部论水特性的专著①。

我发现了很多制作食物的有用方法，还有一种方法可以把药用价值很小的药转化为有用的成药，把味道极为难闻的药转化为很容易服用的药。我有一种疗法，可以非常有效地缓解水肿，并使病人强壮起来，让他当天就可以在城里办事。

这也是我的发现：通过比较对这个器官与另一个器官的治疗，可以对病因和疗法有所了解。我还证明反复研读一本书——读三遍或四遍——就可以了解很多疾病，并得到治疗这些疾病的方法。通过我的努力，大家又普遍采用了做疝气手术的正确和更简略的步骤。我撰写了一部可靠的泌尿系统疾病史，这方面的研究成果，

---

① 《论水和空气》。†

我们只有一些晦涩难懂的遗稿[1]。

我为希波克拉底最艰深晦涩的著作做了注释，尤其是那些被认为真实的作品。我写这一段文字的时候，也就是 1575 年 11 月 16 日，这一工作还没有完成。

除此之外，我还搜集了很多论述法兰西病[2]的材料，还有试验的简要结果，与好几种非常难治的疾病有关，即癫痫、精神失常、失明。比如说，我发现用木贼属可以治疗水肿，这一发现就收录在这个作品集里。

我在其他地方也记述了我的很多发现，涉及肝硬化、尿意频繁、关节病、肾砂、急性腹痛、痔疮以及其他疾病——总共有大约五千个治疗建议。解决或研究过的问题，我可以留下约四万，细枝末节大约有二十万，因此我们国家的那盏明灯[3]常叫我"发明家"。

---

[1] 现存一部作品据说是盖伦所著，书名叫《论小便》，但其真实性令人生疑。另外还有两部专著《小便概要》《希波克拉底、盖伦等人论小便》，均为伪造。†

[2] 即花柳病。这是意大利人、德意志人和英格兰人所用的名称，法兰西人则称之为"意大利病"。其他国家的人也称其为"西班牙病"或"英格兰病"。在欧洲历史上，宿敌之间常这样相互抹黑。实际上这种病可能是由哥伦布的船员从美洲带到欧洲的。‡

[3] 指安德烈·阿尔恰蒂，参见第四十八章。†

第四十五章

我的著作，何时撰写，为何撰写，下落如何

出版的著作

数学专著

《大术》 ……………………………… 一卷

《论比例》 ……………………………… 一卷

《阿利扎公式》 ……………………………… 一卷

天文学著作

《托勒密评注》 ……………………………… 四卷

《人物诞生选》 ……………………………… 一卷

《论质问》 ……………………………… 一卷

《论七大行星》 ……………………………… 一卷

《论历书的应用》 ……………………………… 一卷

《论星球运动的修正和行星的确认》 ……………… 一卷

《占星术颂词》 ……………………………… 一卷

物理学著作

《论事物之精妙》（附辩护词）[1] ················ 二十二卷

《论多种物质》 ·································· 十七卷

《论灵魂不朽》 ·································· 一卷

道德论著

《论灾难的用途》 ································ 四卷

《论安慰》 ······································ 三卷

《力荐高贵艺术》 ································ 一卷

各种题材的短文（一）

《论拙著》 ······································ 一卷

《论神奇的治疗》 ································ 一卷

《尼禄赞》 ······································ 一卷

《几何赞》 ······································ 一卷

《论隐性知识·卷一》 ···························· 一卷

《论一的本质》 ·································· 一卷

《论宝石与颜色》 ································ 一卷

《论死亡》 ······································ 一卷

《特蒂姆或论临终状态》 ·························· 一卷

《论身边小事中的善》 ···························· 一卷

《论至善》 ······································ 一卷

---

① "辩护词"标题是"第一次骗人的诉讼"，尤利乌斯·凯撒·斯卡利杰对《论事
　物之精妙》（参见引言）进行猛烈抨击（在其《训练》里）后，卡尔达诺用这
　篇辩护词来回复。卡尔达诺在回复里，根本就没有提斯卡利杰的名字，其显示
　出的尊严和博学成为他最好的论据。†

各种题材的短文（二）

《辩证法》 ……………………………………… 一卷

"Hyperschen"① ……………………………… 一卷

《论苏格拉底的激情》② ……………………… 一卷

《论水》 ………………………………………… 一卷

《论以太》 ……………………………………… 一卷

《论药水》 ……………………………………… 一卷

医学短文第三卷

《论疾病的原因、迹象和病灶》 …………………… 一卷

《简论治疗技术》 ……………………………… 一卷

《医疗建议·卷一》 …………………………… 一卷

《论医生的疗法失当》 ………………………… 一卷

《没有一种非合成药物是无害的证据》 …………… 一卷

《三头》③ ……………………………………… 一卷

《为塞萨利的医生辩护》 ……………………… 一卷

《为卡穆齐奥辩护》 …………………………… 一卷

医学著作评注④

《论格言》 …………………………………………… 七卷

---

① 这个题目的意义（泛滥？）有疑问，其内容论述的是抽象的哲学主题。†

② 卡尔达诺在论述苏格拉底的这篇文章里，似乎扮演贬低者的角色，像是练习用三段法推论似的，就像他在《尼禄赞》里支持尼禄一样。†

③ 向枢机主教阿尔恰托的秘书，或三体吉里昂，或冥府守门狗祈祷。†

④ 这里评注的大部分都是希波克拉底的医学著作。卡尔达诺认为这是他最优秀的作品，凭借这些作品，还有他的算术作品，他肯定能够流芳千古。他说自己撰写这些书是"为了增进人们的健康"。†

《论空气的成分》 ……………………………………… 一卷

《论毒药》 ……………………………………………… 三卷

共十一卷

《论预测学》 …………………………………………… 四卷

《论七个月分娩》 ……………………………………… 一卷

共五卷

《论空气、水和地区》 ………………………………… 八卷

《医疗建议·卷二》 …………………………………… 一卷

共九卷

《论营养》 ……………………………………………… 一卷

《二十二个病例的检查》① …………………………… 一卷

共二卷

论预言的方法

《论梦》 ………………………………………………… 四卷

以上没有收录的已出版的著作

《论智慧》 ……………………………………………… 五卷

《驳高尔吉亚》② ……………………………………… 五卷

《药赞》 ………………………………………………… 一卷

---

① 这些病例选自希波克拉底《论流行病的三本书》。†

② 这本书并没有收录在《作品大全》里，不过有一篇对话，题目叫《驳高尔吉亚或
生存的权利》，单独一篇，不是书单里显示的五卷，但有五个对话者：苏格拉底、
凯瑞丰、高尔吉亚、波拉斯、卡利克勒。《作品大全》第一卷，第641页。†

《历书附录》 …………………………………… 十卷

手稿[1]

数学

《新几何》 ……………………………………… 二卷

《论整数》 ……………………………………… 一卷

《论分数》 ……………………………………… 一卷

《论数的特性》 ………………………………… 一卷

《论无理数》 …………………………………… 一卷

《论虚数表达式》 ……………………………… 一卷

《论音乐》 ……………………………………… 一卷

物理学

《论自然》 ……………………………………… 一卷

《论隐性知识·卷四》 ………………………… 一卷

《论极北乐土之民》 …………………………… 二卷

论道德

《论道德》 ……………………………………… 三卷

《论最佳生活方式》 …………………………… 一卷

《回忆录》[2] …………………………………… 一卷

---

[1] 这些手稿中有很多首次刊印在斯庞版的《作品大全》（里昂，1663）里，还有很多显然已经散失。†

[2] 他给书起的名叫《记录》，但显然没有保存下来，起码带有这个书名的书没有保存下来。†

《我的生平》 ……………………………………… 一卷

医学

《论小便》 ……………………………………… 四卷

《论罗马的生活条件》 ……………………… 一卷

《论牙齿》 ……………………………………… 五卷

《论保护健康》 ………………………………… 四卷

《论印度的瘟疫》 ……………………………… 一卷

《医疗建议·卷三》 …………………………… 一卷

《行为》 ………………………………………… 一卷

《论医生的矛盾》 ……………………………… 十二卷

《手册》 ………………………………………… 四卷

《论专著〈急性病养生法〉》 ……………… 六卷

《论盖伦的〈医术〉》① ……………………… 一卷

《英华集：哈森的学说》② ………………… 二卷

《希波克拉底〈论流行病〉》 ……………… 五卷

神学著作

《圣母的赞美诗和生平》

《圣马丁传，附有注释》

各种论点

《补遗》 ………………………………………… 六卷

---

① 盖伦的所有著作中，后人研究和评注最多的就是这一部，是一部医学大纲。†
② 哈森即阿维森纳。†

《论名人的著作》 ································· 一卷

《论发现》 ······································· 一卷

《问题集》 ······································· 一卷

《论著书》 ······································· 一卷

《中间人》 ······································· 一卷

《论赌博游戏》 ··································· 二卷

《关于监禁的对话》 ······························· 一卷

《小花，对话》 ··································· 一卷

《论关节》 ······································· 一卷

《驳高尔吉亚：对话》 ····························· 一卷

《药赞》 ··· 一卷

《骨相学》 ······································· 七卷

《论妙计》 ······································· 一卷

《论历书或新发现的应用》 ··················· 一卷

《圣物》 ··· 一卷

　　我拿起笔来写作的原因，我认为你们已经知道了。实际上鞭策我的是一场梦，后来还有第二次、第三次、第四次，甚至好多次这样向我暗示，我在其他地方已经说过了。但鞭策我的还有一种渴望——渴望着我的名字不朽。

　　另外，我有两次损失了大量手稿和一些书。第一次，大约在我三十七岁那年，我烧掉了大约九本书，我知道这些书内容空洞，没有任何用处。与此同时，我积攒了一些乱七八糟的东西，主要是医学作品。这些书我没有删除任何内容，也没有完全保留，除了《论当前应用的不当疗法》[①]这部手稿，据此我开始出第一版。

① 卡尔达诺出版的第一本书。后来他说到这本书："这本书里我自己出了三百多个错误，还不算印刷错误，真是感到惭愧。"†

另外还有一部有关算术基础知识的手稿，据此我撰写了一本论算术的小书 ①。

不久之后，1541 年前后，我扩充再版了一本小册子《历书附录》，这本书以前我曾刊印过一次。1573 年，那场灾难 ② 最终过去之后，我又烧掉了一百二十本书，但和第一次的烧法不一样。这一次烧的时候，书里那些看上去对我有点用处的，我都挑出来撕掉拿走了，另外有些书完整地保存了下来，如《记叙文里的妙计》和《论名人的著作》。其他作品我作了修改，就像狄俄墨得斯交换铠甲一样 ③。

我这样做是因为后者我仍然喜欢，我销毁前者是因为我不喜欢，结果对两种做法都有利。

有一个梦反复出现，一直催促我，我就写了《论事物之精妙》，首次印刷之后我又扩充了一遍，收录了更多新材料，然后交给出版社出第三版。之后我又转向《大术》④，这是乔瓦尼·达科拉与我竞争的时候我撰写的，还有塔尔塔利亚，我从塔尔塔利亚手里得到了第一章。他想把我当成竞争对手，当成对手也比当成一个必须对他感恩戴德的伙伴、对他最忠实的朋友强。

我沿着卢瓦尔河旅行的时候无事可做，就在 1552 年撰写了《托勒密评注》。1568 年，我把《论比例》和《阿利扎公式》增补

---

① 《卡尔达诺实用算术和判定单人纸牌》，1539 年由贝尔纳多·卡鲁斯科刊印于米兰，前面有作者的一张木版画，有铭文"没有一个先知在自己国家被接受"，前言是一篇关于本书的韵文，五音步和六音步交替使用，还有一篇通告，向远方的学者宣传自己。这本书引起了纽伦堡的佩特莱乌斯的注意，此人后来刊印了卡尔达诺的《神裁天文学》和《代数》（《大术》），还承蒙一个名叫安德烈·阿西安德的人介绍，重印了《论安慰》，安德烈·阿西安德对卡尔达诺的著作很感兴趣。† "神裁天文学"（Judicial Astronomy）即占星术。‡

② 在博洛尼亚遭到监禁，也许是因为写了什么作品。†

③ "他用金甲换回图丢斯之子狄俄墨得斯的铜衣，金甲价值一百头肥牛，而铜衣只值九头牛。"（《伊利亚特》第六卷，236）†

④ 《大术或代数定律》，1545 年。†

进《大术》，出版了这部著作。随后我修订并重写了《论算术》两卷，书名是《新几何》①。还有一部论音乐的书②，但六年后，也就是1574年，我又修改了《音乐》这本书。

多卷本的《论多种物质》出版于1558年，由撰写《论事物之精妙》剩下的材料写成，这些材料我梳理得不好，也整不成形。我遇到了很多烦心事。我两个儿子都不听话，经济收入几乎为零，阅读的需要又不让我延缓，处理家务事、在全城行医、开处方、写信还有其他很多事让我分心，连喘息的工夫都没有，更没有机会修改作品了。

《论安慰》是我在悲伤之中首次出版的。后来，我增补了《论智慧》，这样，在1543年第二次刊印的时候，就可以合并到一起了。与此同时，我还写了好多篇短文，其中有一些已经出版，有一些还没有出版。我还撰写了我全部的医学著作，其中有四部你们已经看到出版了：《论格言》《论营养》《论空气、水和地区》《论预测学》。到目前为止，已经有两卷评注以《英华集》为书名，一卷评注盖伦的《医术》，还有《希波克拉底〈论流行病〉》第一和第二部分。

我到博洛尼亚的时候，《论梦》出版了。毫无疑问，这部作品注定对很多有领悟能力的人有用，但对于没有教养的俗人来说，或许是个祸根。但无论任何东西，只要使用不当或是用得草率，又怎么会没有害呢？马、剑、武器、军火等东西，要是落到坏人手里，就全都成了可怕的武器；要是落到好人手里，这些东西与其说是便利品，不如说是必需品。我的主题无论怎样划分，比如

---

① 这两卷最后扩充为十五卷的《十五卷本新几何》。†
② 《音乐》分为五卷：一、一般规则和原理；二、古代音乐，节奏，圣歌，合唱，舞蹈；三、卡尔达诺时代的音乐；四、歌曲创作模式和对位；五、乐器的构造和使用。据说其风格独特，很有趣。†

说分为有用的材料、不太有用的材料、第三部分仅供学者阅读的材料等，都会造成困难。

我之所以撰写《辩证法》，是为了说明如何赋予模糊准则以物质形式，这些模糊准则构成这一学说抽象概念的基础。我对自己的作品感到满意，因为它给我带来了快乐，我就将它出版了，不过它还不完整，甚至没有彻底修改过。

我之所以将《简论治疗技术》奉献给公众，是因为当时发现我其他作品出得有点慢。我撰写《论灵魂不朽》①主要是为了研究这一课题，不是表达我最终的观点，这对本书涉及的大量材料来说并不公平，《论极北乐土之民》第二卷就取而代之了。

我撰写了两卷《对话》，一卷是为了减轻我遇到的灾难给我带来的痛苦，另一卷是为了抨击人们的疯狂。这样通过四种截然不同的沉思，我可以缓解悲伤带来的痛苦、疯狂的快乐、愚蠢的贪婪和恐惧。

《中间人》②是我一时冲动，要表达自己思想的结果。我在撰写《回忆录》的时候出了名。

四卷③，具有概要或知识库的性质，带有简短的解释，包括整个医学的精华，连一个问题也不会缺，如果你查阅了以前的手册而没有查这几本书，你的工夫算是白费了。

我撰写了对专著《急性病养生法》的评注，这样以可靠的学说为依据，那些急性病发作后又能被救活的人就可以养生了。在治疗这类疾病时，我非常幸运，这在前面已经说过了。

《论泌尿系统疾病》这套书还没有完成。这些书展示自然的奇

---

① "一部希腊作品文摘，尤利乌斯·凯撒·斯卡利杰公正地称其为其他人学说的大杂烩，"沃特斯说，"在卡尔达诺这部作品里，可以轻而易举地找到指控他对神不恭敬的材料。"†

② 《中间人，或公民智慧》。†

③ 这四卷书的书名作者没有提到，与前面书单里的任何一套四卷本都对不上号。‡

迹，这是一个非常不受重视的科目，包含了那么多显著特征。所以，对于宇宙来说，我们必须承认其中有奇迹。不过这些书的论证很简单，出于这一原因，这些书对模仿者会造成最大的困难。另外，书的结构非常合理，由很多经过验证的论点所证实。

《论医生的矛盾》这套书涉及医学这一行所有可疑的问题，在我有幸可以怀疑这些问题的范围内，抨击了可疑的做法。如果我表达的观点令人满意，我为什么要谴责呢？如果我对自己所说的没有信心，我为什么要阐述出来呢？我为什么要做出评价呢？我起初为什么决定这样做呢？

《问题集》这本书，我在撰写的时候是这样想的，如常言所说："诗人想得到好处，或想讨好别人。"①

我还撰写了《论赌博游戏》。一个赌徒，一个掷骰子者，同时又是个作者，这样一个人，为什么不能写一本论赌博的书呢？或许如常言所说："狮子以爪子而闻名。"②

《骨相学》十三卷我压缩到七卷，《相面术》是其中一部。对此我应该感谢吉罗拉莫·维斯孔蒂。苏维托尼乌斯对这门技艺赞不绝口，我发现其中隐约有些真理，但究竟是真理还是骗术，这很难确定。你受骗只不过是因为有那么多人，有那么多面相，而且其面相一直在变化。

现在所看到的六卷《补遗》③，是以前我重新整理作品时保存下来的一些片段，这些作品的内容我舍弃了很多，其原因不是别的，是我不认可显示出杂乱无章的作品，这些肯定可以看得出来。我

---

① 贺拉斯，《诗艺》，333。†

② 这是卡尔达诺喜欢的一句格言。†

③ 这部作品沃特斯称之为"一棵老树上掉下来的最后一个果实"。莫利："他死之前，他作坊里剩下的最后一堆碎屑。"这部作品集包括代数、医学、博物史、力学、思辨哲学方面的著作，在《作品大全》里占据将近整个第十卷，在这个版本中也是首次刊印。†

汇编这些片段时，没有经过仔细挑选，没有价值的和最高级的混在一起，不雅观的和体面的混在一起，有用的和有害的混在一起，仔细修改过的和随手写出来的混在一起，奇妙的和荒唐的混在一起——是一堆大杂烩。

我虽然销毁了很多著作，但也不指望能把剩余的加以修改，使其成为一部成熟完整的作品。大家都看见过，都经历过，对情况都很熟悉，我应该考虑朋友和资助人的利益，我觉得这样更好一些。另外，为了节省大量时间，留给后世更多清晰准确的著作，要比炫耀我扔掉的东西好得多。

一个人活着，同事要是认为他是个职业道德高尚的人，忠实履行了自己的职责，我认为这就是荣誉的顶点。所以我撰写了《论发现》《论著书》《论名人的著作》，凭借这一业绩，我就证实了我用语言赞扬的事情。

我撰写《赞美诗》和《传记》，是为了表达对一些人的感激，我得到了这些人的很多好处。《评注》是我增补的，因为我认为写传记不仅要准确细心，而且我也确实感到应该这样做，这是最重要的。就连最伟大的作品，关注这些事也是它的优点和美。

同样，由于疏忽而出的差错，描写不准确的段落会动摇读者的信心，削弱书本身的影响，损害公共利益。亚里士多德和盖伦的例子，让我看到了达到这一完美的可能性。对他们来说必须这样做，因为他们论述的是大家普遍感兴趣的主题。对我来说这是个安全适当的策略，因为我通过关注细节，在《论最佳生活方式》这本书上下了最大的功夫，竭尽了全力。

除了这样专心著述之外，我没有其他办法忘掉过去，没有办法避开现在的灾难，没有办法避开未来的危险。没有这样一种心无旁骛地投入的激情，我怀疑尘世间是否有人能觉得自己不朽，是否能在死亡之前活过青年时代而不经历老年的悲伤，是否能在无休止的混乱中找到安宁，是否能在人生无穷无尽的变迁中找到稳定。

对这四大好处我应该感到满意，应该不再考虑很多灾难和其他不幸，在每一个人的生涯中，这些灾难和不幸在数量上，要远远超过这些必需的好处。在所有灾难中，最大的完全不可避免的灾难就是亲人的死亡。但我怀疑是否必须以这种方式死亡。但这又有什么关系呢？其他人不是也同样经历枯荣兴衰吗？但这是可能推迟的。如果这早晚都要发生，又有什么区别呢？

凡人从来都没有安稳过，将来也不会安稳。把你注定要经历的磨难和波力比阿时代的灾难与事态相比较：现在是一个玫瑰花环，而那时是恐怖，可以名副其实地称之为灾难。当时的人毫无安全可言：残忍的谋杀、奴隶制，所有人的财产都落到无情的掠夺者手里，这都是消遣而已。

还有一个需要考虑的因素：期望一种在天堂永享至福的生活，这一生活我们都知晓，而其他地方其他时代的人却无法享受。可以被称为悲惨的遭遇，就会降临到抱有这一希望的人身上。同样的本源、同样的目标、同样的命运，大家一起分享，除了对我们来说，享乐是死亡的报酬。

然而，实际上我们被骗走了我在前面提到的三大好处：第一，因为我们相信，这种生活方式能够提供比实际情况更真实的东西，甚至在其活跃的时候。第二，因为我们没有发现生命中有任何持久不变的东西，更不用说永恒了。第三，因为我们认为即便是人继续活着，智力也会衰老，我们认为凡是身体共有的东西，一定会与身体一起衰老。

但我马上断言，我们身体里的任何一个部位都不会衰老，生命力也不会减弱，如果其媒介物和动力具有持久性的话，现在我是这样认为的。身体不会衰老，因为据哲学家说，尤其是柏拉图

学派哲学家——就像我们在《斐多篇》里看到的那样——身体不
是人的主要部位。活力不会减弱，活力是人的第一成分和主要成
分，是一切完美的总和，虽然其操纵力可以被阻止，但不是因为
它在某些方面有欠缺，其能力是各种各样的。太阳需要空气来发
光，空气是太阳发光的原因，但空气中的杂质挡住了太阳光。

所以，以上所说是对我忠告的概括，也是我作品的范围[1]。

第二部作品叫《回忆录》，是对前面那部作品里包含的教诲所
做的概括。在这第二部作品里，材料是依据话题组织安排的，不
仅让你看起来舒服，而且无论你是什么状况，对你都有帮助。

这一组[2]的第三部作品是《手册》，这本书不仅表达了对名利
的看法，而且还认为履行虔诚的职责和尽义务是最优秀的美德，
更准确地说是以这种态度，在别人认为已经尽到义务的时候，自
己应该认识到还需要做得更多。建筑师造房子时不是没有目标，
而是依据仔细绘出的设计图，这对建筑师来说是一件乐事。而一
个人能够为同伴帮忙，认识到自己能为他出多少力，这给他带来
的满足要远远超过那个建筑师。

第四本书是我所有作品的终结[3]，是我为了自娱自乐，同时也
是出于责任感而写的。我要是故意说假话而违背这一原则，你让
我有何面目去见天主？你或是认为，我这样著书有何乐趣？当然，
我的情况和一个像畜生一样过日子的人不一样，畜生对好名声并
不感兴趣，而是仅仅满足于吃掉能吃的东西——就像蜘蛛吃苍蝇，
鸵鸟吃铁块！有些得到高度评价的人，想以巧妙的骗术装出比别
人懂得多的样子，结果一检验，发现别人懂得的很多东西，他们
自己却一窍不通，而我和这号人毫不相干。

---

① 卡尔达诺显然是指《论最佳生活方式》，前面开始谈论时提到的那部著作。†
② 这一组是他认真撰写的著作。†
③ 即本书《我的生平》。†

排在第五位的是《论保护健康》。最后，第六本是《论极北乐土之民》第二卷。第五部作品的第三卷巨细无遗，第六部的第一卷巨细无遗。

除了这一套十九本书之外，我就不指望其他书能流传下去了。一些人也许会感到吃惊，但维吉尔不是说过，他想把《埃涅阿斯纪》销毁吗？而且这是他的遗愿和命令，只把《牧歌》和《农事诗》留下来。不过我事先没有把全部作品再检查一遍，也采取了同样的态度。

我完成了《论自然》，其原因已经谈论得很充分了。

《西奥尼斯顿》我写好以后，收入《论极北乐土之民》中，写《论道德》是模仿亚里士多德①。在他的共和国②，他估计一个坏制度最多只能统治一百年，虽然这是个错误。

《我的生平》是有感而发，因为这样做合适，有必要，符合当时的情况。而且回顾往事并不会让我感到不愉快，如果我可以相信伊壁鸠鲁的观点的话。

我写作《论牙齿》是以我提出的疗法为基础，也就是治疗长期疾病的可靠方法，完全遵循我编纂《论急性病病例》评注的计划③。

《论印度的瘟疫》来自很多人就这一话题写给我的信件，我把这一大堆乱七八糟的材料缩编成这部专著。

我写《论保护健康》有很多理由。第一个理由是盖伦的那部专著学究味太浓，虽然保留了逻辑顺序，但让我感到遗憾的是很多问题含糊不清，很多问题也令人生疑、尚未解决，在论述按摩

---

① 可能是《伦理学》。在这个地方思路断了，拉丁文本理解起来相当困难。肯定有几个句子或短语漏掉了。†
② 可能是《政治学》。†
③ 希波克拉底的著作《急性病养生法》。†

和运动时偏离主题，走入歧途，在枝节问题上喋喋不休。比如说，他在多部著作中有很多良机，却没有指出应该给予身体健康的人什么酒、给予年轻人什么酒，像是故意回避这个话题似的。实际上，无论是古人的习惯还是希腊人的习惯，都不适合意大利人，也不适合现代，因为时过境迁了，这个问题我就不再谈了。比如，他在第二部论食物的专著中谈到，海芋属植物在昔兰尼是被当成萝卜吃的，对人一点害处也没有。他不熟悉蒸馏法，那个时代还没有发现这种方法。然而他德高望重，名声显赫，必然对我影响很大。

《行为》这本小册子我当作手册用，我在里面记下一些想法供进一步阐述，我觉得就像是点燃大炮的火星。

至于其他书，如果有人想把我其余所有的书都纳入前十八本的规范，把那些缺乏条理性或必不可少的问题加以修改——就像我在其他书的一些地方所做的那样，比如说《杂录》——他就会发现工夫没有白费，我会对他感激不尽。

另外，你还记得，所有的书，至少是所有的好书，都是在神的启示下写出来的，不过这是三种影响的结果。

一方面，可以说是以人人都具备的力量写出来的，因为所有智慧都来自天主，就像柏拉图学派所认为的那样，我们的智力以永恒的善为媒介而整合到一起，被赋予理解的能力，另外还可以激活蜕变后的生命。

另一种方法更显而易见，因为神的启示是逐渐赋予的。在这个问题上，一些柏拉图学派的人有疑问，这是错误的。而我对这一规则的解释毫不含糊，所有正直的人都得到了这一启示。

洞察力的第三个来源，是一些机会出现时被抓住的东西。比如拿我来说，就在今年，1576 年 3 月 14 日，我正在写那本有关健康护理的书，阿魏或大茴香史，夸赞茴香是让人喜欢的一味药。

这一天，我正在鱼市附近的蔬菜市场，一个穿着不体面、衣服破破烂烂的老人匆匆来找我，劝我不要用茴香，他说："根据盖伦的说法，茴香可以马上置人于死地，和毒芹一模一样。"我回答说，我对毒芹和茴香做出了恰当的区分。他说："当心，我知道自己说的是啥。"

说完他就走了，嘴里还念叨着盖伦。

我回到家里，发现一个地方以前没有注意过。所以，虽然变化肯定不大，但我还是改变了以前的说法，增添了很多例外：也就是阿魏类的草药（我在书里探讨过）是在意大利采集的；用起来是否安全，检查一下不同种类的茎才能确定；看看是否被霜打过。我还补充说，茴香是天然药物，虽然不是人人皆知，但可以用，不过不能滥用；应该在早春采集，不能在天气开始热的时候采集，在三叶草多的地方采集；如果有人对茴香有任何担心，就事先服用一些莪术①，或者吃点药用苹果，或者吃点放有蒜的烤面包，或是让狗或母鸡吃一点试试。

因此，如果有人注意到写作启示的这第三个来源，他就能从读到的一切材料中受益匪浅，并对提出建议的人感激不尽，我在一开始就说过。我请求大家对拙作提出修改意见——lege Augustana②。

如前所述，我后来的作品全都是用同样的技巧写成，但用心的程度不一样。

---

① 东印度群岛产的一种药材，闻着有香味，吃起来有辛辣的芳香味。医药上用作兴奋剂。†
② 不知道这指的是什么君子协定。†

第四十六章

我自己的生存状态

  思考前面以及类似的主题时，出现了这么一个问题，我觉得可以理直气壮地问我自己：我经历了那么多灾难，交了那么多好运，日常生活中也经历了那么多平凡的事情，我是对活着感到难过呢，还是后悔来到世上呢？

  不仔细掂量一下要说的话，对于发表的意见不补充一些理由，这是愚蠢的。我的不幸是我子女的死亡——最沉重的打击——他们做的蠢事或不育，我本人的阳痿，没完没了的贫穷、冲突和控告，麻烦事，疾病，危险，监禁，不合情理地原谅不应该原谅的受害者，而这些人数量是那么多，这种事情的发生又是那么频繁。

  先把人人都经历的枯荣沉浮按下不表。一个人要是既没有子女，也没有得到过荣誉，更没有资源，这样一个人要是不痛苦，那么，一个把这些事都占全的老人又会怎么样呢？把你自己和你的起点相比，和比你还要悲惨的人相比，不要仅仅和比你更有权势的人相比。当我这样提醒自己的时候，就不会理直气壮地为自己的状况而悲叹了。不仅如此，如果我们相信亚里士多德的话，我还很幸运，因为我异乎寻常而又准确无误地懂得很多奇事。

　　不过我声明，就是出于这个原因，我更加幸福了，因为我像斯多葛学派一样，能够蔑视尘世间的枯荣沉浮。我现在认识到这一态度的成果非常丰硕，我不是一个需要妒忌自己的人，就像我年轻时那样，尽管我现在年老体弱。我的状况也不令人怜悯，因为我的身体被赋予了感官功能，拥有一份运气带来的好处，因为我有理解力。不仅如此，我还能说出更多来——我是最幸运的人之一，我知道人性分享有一点神性。

　　如果有人对一个整天怕死的人说，你还能再活十五年，就像天主对希西家王所说的那样①，他是不是更高兴呢？如果他从三十岁甚至一百岁起，再活到一千岁，他是不是会有无限的喜悦呢？他会忘掉所有世俗的欢乐吗？如果这段时间延长到一万岁或十万岁，他会如何控制自己的欣喜若狂呢？假如让他长生不老，他还追求或想要什么呢？但一个没有这一指望的人，就会失去一个双重和真正的好处——也就是希望本身及其回报。

　　所以，如果这是天主的意愿，是天主想让我们在终有一死的情况下参与不朽，那么忽略他慷慨赠予的礼物，或认为我们的境况没有希望，就对我们没有好处。

---

① "我必加增你十五年的寿数，并且我要救你和这城脱离亚述王的手。"参见《圣经·列王纪下》，20：6。†

第四十七章

守护天使

　　希腊人习惯于把这些天使叫作守护精灵，而拉丁人则称其为"spiritus"[①]。据记载，守护精灵总是青睐一部分人，我在其他地方也提到过——苏格拉底、普罗提诺、辛奈西斯、戴奥、弗莱维厄斯·约瑟夫斯——我把自己也算在内。毫无疑问，除了苏格拉底和我之外，所有人都生活得很幸福，但就像我在前面说过的那样，连我也享有最好的境况。

　　但独裁者盖乌斯·恺撒、西塞罗、安东尼、布鲁图、卡西乌斯等人，伴随着他们的是虽然辉煌却不幸的命运。荣耀的精灵追随着安东尼和西塞罗，但每一个精灵都要命。约瑟夫斯有极为高贵的勇气，由于作战勇敢而得到皇帝维斯帕先的青睐。在维斯帕先的儿子手下，约瑟夫斯进入了多事之秋，其原因是他的财富、他在历史上值得纪念的功绩、他的三个儿子、与民众大灾难的斗争。所以，他的精灵以富有先见之明为特征，凭借深谋远虑而在囚禁期间

[①] 古典拉丁语称之为"genius"，即人的守护天使。†

名声远扬，摆脱了同伴荒唐的劝诫，从深海中被解救出来①。说实话，守护精灵显然在起作用，我命中注定有一个善良而又富有同情心的天使来陪伴我，我相信这一点。

我相信这个天使早就陪伴着我，但他是如何告诉我危险迫在眉睫的，我直到年满七十四岁写这部自传的时候才知道，到这个时候我才把一切都弄明白。很多可怕的事件可以说是在门口盘旋，竟然在很久以前就被准确地预见到，如果没有神灵的帮助简直不可思议，而一考虑到守护天使就没有那么奇怪了。

整件事三言两语就可以说清楚。天使预见到我马上就要出事时，比如说我儿子的事——很可能那天晚上我儿子就答应娶布兰多尼亚·塞罗尼——他打算第二天就结婚，天使就以自己特有的方式让我心悸，采用让我的卧室震动的方式。然后仆人也得到同样的警告，这样我和仆人就感到地在震动，而其他人则都感受不到，因为根本就没有地震。我儿子要是没有娶她——不经过激烈争论，这件事就不可能发生——我就不会因为这件事而感到受人嘲笑，而是会理所当然地准备表示更真诚的感谢，认为是天使提醒我避免了危险。

还有在监狱的时候，守护天使向我和我那个年轻的同伴显现——我相信这是天主吩咐的——伪装成那个巨大的声音，以便向我证实我有望得到天主的青睐，这样我就可以逃过一死，我正在经历的磨难好像也更容易忍受了。

我从这些事例中可以看出来，我的守护天使是一个有实力的精灵，他显灵的时候，其他人是和我同时看见的，或者是两种感

---

① 分别暗指约瑟夫斯遭到囚禁后，亨受到三位皇帝维斯帕先、提图斯及图密善提供的优厚待遇，指他在加利利的乔塔帕塔附近洞穴里与一些狂热的同胞在一起的经历，指他去罗马途中船只失事。†

觉^①都参与了，比如精灵对我说 "Te sin casa" 那一次。同样，1531年那一次显灵——乌鸦、狗、火花——是因为精灵能够通过畜生来产生影响，畜生虽然没有理性但有生命，就像人看见阴影就感到恐惧，或看见像宝石或金属块之类闪闪发亮的东西就会上当，以为有了希望一样。

大体上说，古人的守护天使的特性多种多样。有克制情绪的，如苏格拉底的精灵；有告诫人的，如西塞罗的精灵，西塞罗死的时候向他显现；有教导凡人的精灵，通过梦境，通过低等生灵的动作，通过重大事件，告诉他未来会发生什么事；有指引我们到哪里去的精灵；有引诱我们的精灵；有些精灵有时候诉诸我们一种感觉，有时候同时诉诸好几种感觉，诉诸好几种感觉更好；有些精灵有时候通过自然事件传递信息，最后通过超自然事件传递信息，我们认为通过超自然事件传递信息的是最高级的显灵。同样，有善良的精灵，也有邪恶的精灵。

有人会产生疑问，为什么这一特殊恩惠只给予我而不给予别人？我并不像有些人认为的那样学识渊博，而是恰恰相反。这是因为我在神灵神秘显现的指引下，对真理和智慧无限热爱，甚至在长期陷入贫困的情况下也蔑视财富吗？这是因为我非常渴望公正吗？或是因为我把一切都归功于天主，而我自己则一无所求吗？我的天使和我在一起的目的，也许只有他自己才知道。

还有另外一个问题。天使想让我知道的事情，为什么不公开告诉我呢？我希望如此，但他指明通向一种事物的道路是借助于不同性质的其他事物，比如，通过乱七八糟的声音，我就会相信天主什么都明白，虽然我肉眼看不见他的信使。守护天使可以通过一场梦，甚至通过更明显的显灵来公开警告我，但诡秘的警告

① 指视觉和听觉，也就是既看见了，也听见了。‡

也许能更有力地显示神的保护，比如那些更令人吃惊的警告：恐惧、障碍物、不祥的预感、在可怕的时刻出现的不祥声音等。但神秘要素是必需的，这样我们才能辨认出天主之手，学会不阻止他的操纵。

因此，必须以这种方式显露的事情，你对此感到不安是愚蠢的，希望得到另一种显灵就更愚蠢，这一种显灵在很多方面被人故意掩盖住了，由于我们早已习以为常的普普通通而受到阻碍，由于我们草率的判断而受到阻碍。如果通过这种渠道得到的启示真能预测未来事件，你能因此而受益吗？如果预测是错误的，这样的启示又有什么用呢？然而，通过我的善神牵线搭桥而得到的不祥预感，就像是慷慨大度的人赠送的礼物，这些人可以给予很多东西，但我们接受是不合法的。

另外，一些显灵让人闹不明白，这些显灵有什么意义呢？比如说"Te sin casa"和"Lamant"，还有个警告与我生涯中的四年得到一只猴子的回答有关。托盘上突然出现了几个蠕虫①，这是什么意思呢？这些东西的出现不可能是误会，因为神灵不会唐突地参与任何事，每一个细节他都知道。

我下面要说的事虽然没有证据，不过这一原理——也就是精灵显现的原理——很有可能是由某种规律支配的，甚至像自然本身一样。怪物就是在自然进程中诞生的，在这一进程中没有出错。但由于材料不完美，所以这里就发生了同样的事。我不相信这个伴随人的精灵比人的智力更高贵，所以出差错是由于媒介有缺陷，因此他必须被认为是一种工具。所以，甚至在有些年份，由于太阳造就生命的力量受到抑制，就产生了很多怪物。这样一来，如果神圣的原理或工具受到尘世间某种人性本质的阻挠，就会导致

① 卡尔达诺在这里讲的事出现在第四十三章，当时来了一位神秘的访客，对他说"Te sin casa"。其他的事，还有"Lamant"指的是什么，我还不得而知。†

缺陷，并通过精灵的显现而表达出对理解未来事件的困惑。

你可能会说，这些自然缺陷是通过媒介存在于行动过程，在后一种情况下，是通过意志存在于行动过程。我会这样回答：因为精灵是无形的，善良的精灵来自天主，实际上就是神学家所说的"善良的天使"，所以他显现出来的确实是真身，按照天主的意志显现出应有的样子，绝对不会出错。

同样，自然也学会了通过有生命的媒介来显示真相，这一真相是精灵赋予自然的，但自然赖以施教的工具并没有为接受这一真相随时做好准备。这一工具或者只是一阵清风，或者是其他东西，因此它所呈现出的形式就不完美，达不到其目的，表现出的不过是精灵的意志，或是自然可以显示的东西，这样就会出现差错，或难以理解。唯一的区别是，哲学家认为难以理解源于媒介笨重，不擅长接受真相留下的印记，而神学家认为，依照神的意志，罪孽把真相阻止住了。

另外，我不愿意让很多人在有关我知识的特征上受骗，这个问题我经常提起。我好像意识到，我所知道的一切，都是通过精灵这个渠道接收到的。那我这几种感觉还有什么用呢？我什么都知道吗？那我就像天主一样了。说实话我的知识和神灵的理解力相比，就像是人模糊不清的阴影与无限的天国大厦相比。不过我的知识在本质上是三重理解力。

第一，通过观察无数的事物，由我的感觉而获得的知识。对于这一部分知识，普通人和无知的人常常夸大。我知识的这一方面会假设两个问题：这是什么？为什么是这样？在大多数情况下，知道一样东西是什么就足够了，因为我认为探讨所有这些细枝末节的原因是把热情用错了地方。

第二，有一种对高级事物的理解力，是通过仔细检查其开端而获得的，通过符合一定的原理而寻求到的。知识的这一方面被称为"证明"，因为它来自基于原因的结果。我把它的应用进一步扩展到正在考虑中的主题，或是从一个更清楚的角度来看待它，或是从特殊应用转变为普遍应用。

然而，在理解力的这一领域，我凭借熟练处理而理解的东西，要比在很多情况下凭借心灵洞察力的帮助而理解的多一些。这种形式的知识得到饱学之士的喜爱，他们认为这一知识来自博学和实践，因此很多人认为我专注于研究，且具有良好的记忆力，而实际上没有比这一看法更不靠谱的了。

我第三种形式的知识是对无形和非物质事物的了解，我之所以拥有这些知识，完全是伴随我的精灵帮助的结果，通过其最简单方面的论证——也就是简单陈述其起源，通过最可靠的证据证明有这么一回事。然而，在这一点上，客观环境会改变事实真相，论证常常导致谬论。考虑一下这个命题：外角等于两个与其不相邻的内角之和——为什么是这样，没有理由，但它就是这样，事实就是这个样子。

所以，我提到的这种简单论证，只涉及物质形式或非物质形式，所以只和自然哲学或神学有关。然而，数学可以说是自成一套体系，虽然看起来很难接受，不过这是真的，承认一个事实就是这样，这就是原因，我们的证据就是以这个原因为依据。命题和语言——不过我对此并不熟悉——就其性质来说，并不是谁考虑它，它就自动进入这个人脑子里的。

引申的使用和理解的清晰，一部分来自我的实践，一部分来自精灵的启示。我一直致力于完善思维上的顿悟能力，坚持了四十多年才最终掌握。

我全部的写作技巧，还有即兴讲课技巧，都是精灵启示的结果，也是我努力做到清晰表达的结果。不过这类知识给我带来的恶名大于美名，带来的荣誉多于利益。它给我带来的乐趣倒是不小，也非比寻常，这延长了我的职业生涯。在我多次遭到不幸时，它成了我安慰的源泉，成了我逆境中的帮手，成了我遇到困难和艰苦努力时的有利条件，它包含了其他较大的知识分支的一大部分，这是达到完美和高雅最不可缺少的。

　　总体上来看，以上这些说明了我的情况。在我可能说错的地方，我求助于比我聪明的人，也就是神学家。

第四十八章

名人关于我的证言

四个仇人有关我非常精彩的证言。

第一个是马泰奥·科尔蒂[①]，他是名声最大的一个人。议事会询问他有关继承人问题时，他回答说我是最佳人选，无论是担任任何职务，或是有任何条件要求，我都是无与伦比的。

第二个是德尔菲诺[②]，他被提名担任我的助手，居第二位。他当着学生的面，也当着我的面，公开对一个与其谈话的人说万一我退出，蒙塔诺[③]就会当头儿。我打断了他的话说："考虑到他在学生中很受欢迎，你的处境会很困难。"

他回答说："首先，我永远也不会把我的位置让给任何人，即便是盖伦亲自授课也不行。对我来说，在你手下当二把手，会比我当选为一把手和另一个人共事还有面子。我也不会觉得和其他人共事比和你共事更困难。我在这座城里、在其他名人圈子里虽然有一些更显赫的人物为资助人，我还是不能把事办成，即便是

① 参见第十四章注释。†
② 参见第三十章。†
③ 蒙塔诺（Montana，1498—1551），意大利名医，†

经我请求让被流放的人恢复职务，让三分之一的学生去听我讲课，就像去听你讲课那样。"

卡穆齐奥[①]，另一个任命职务时的候选人，在他刊印的一本书里大发牢骚，说在帕维亚和其他一些学校，我的名字和盖伦的名字相提并论。他说毫无疑问盖伦的名字应该放在前面，如果没有其他原因，就凭这个原因就够了：盖伦早就死了，不论以什么理由妒忌他，现在也该完全释然了。另一个原因是有那么多权威人士赞同他的学说。这本书在各地都有销售。

威尼斯人塞巴斯蒂亚诺·朱斯蒂亚诺，1524 年夏在帕多瓦担任总督，是个非常博学的人，致力于人文学科、哲学和神学的研究，多次为国家完成外交任务。有一次，他参加一场公开辩论，参加者之中有布雷西亚的温琴齐奥·玛吉，此人不久以后就在费拉拉担任公共哲学讲师。朱斯蒂亚诺说，他在参赛者中听见我参加了辩论，就问我究竟是谁。他们对他说，我是米兰人，名叫吉罗拉莫·卡尔达诺。辩论结束以后，他命人把我叫过去，当着学校所有在场者的面对我说："年轻人啊，要有激情，你会超过卡穆齐奥的！"

我大吃一惊，以前从来没有听说过这种事，之后便一句话也没有说。他又大声说道："年轻人啊，你表现出了理解力。我告诉你，要研究，你会超过卡穆齐奥的。"

听到这句话的所有人都震惊了，尤其因为我不是他们王国的臣民，甚至来自一个完全不友好的城市，他们的君主和我们的君主长期以来一直处于战争状态。但我知道有很多其他见证人，这些人知道我作品的名声，我觉得应该在这里添加上这些人的名字，他们在著作里很尊敬地提到我，尤其是因为这些著作已经刊印出

---

① 安德烈，参见第十二章注释。†

来，各地都有销售。阿道夫·克兰吉斯，在其《特里特米乌斯》里提到……①

我知道还有很多人在其作品里提到我的名字，这些人的名字我已经想不起来了。还有一些人说了我的坏话，但据我所知，其中没有一个人超出语法范围，我不明白他们是凭借什么不正当手段跻身学者之列的。我指的是下面这几个人：

　　布罗多

　　富克斯

　　沙彭蒂耶

　　图内博

　　龙德莱

　　布泰奥

　　德富瓦

　　塔尔塔利亚

斯卡利杰、迪诺、英格拉西亚斯、高里科、索伦南德尔与我作对是为了让自己出名。

看看人们的其他证言。没有一个人怀疑在作品里提到的对人的褒奖，无论是对盖伦或是对亚里士多德，在他们活着的时候，都没有对我褒奖的次数多，当然我承认自己运气好，从印刷术中获益。

安德烈·阿尔恰蒂是第一个，我在其他地方讲述过，我出于敬意提起他的名字，另外他经常把我称为"发明家"，每天都翻看我的书，尤其是论述安慰的书。皇帝的御医安布罗焦·卡韦纳加

---

① 卡尔达诺一共提到七十三个人及其作品，这里略去不译。‡

常常称我为"干多项苦差的人"。尤利乌斯·凯撒·斯卡利杰送给我的头衔，多得连我自己都感到名不副实，称我为"知识最渊博、最有天赋、最无与伦比的天才"。不公正地对待我，在博洛尼亚、帕维亚和其他地方的课堂上不提我的名字也是不可能的。安吉洛·坎迪亚诺和巴尔托洛梅奥·乌尔比诺，这两个人既是名人，也是名医——有多少次人们看见他俩手里拿着我的书，他们也不想掩盖，不过他们连我的朋友也算不上啊！

这个话题还是就此打住吧，免得让人家以为我们像是追随梦中幽灵似的。尘世间的一切都没有意义，夸赞也是无聊的。

第四十九章

我对世间万物的看法

凡人的巨大痛苦有两个来源。

第一个，万物皆空、毫无价值，人却在寻求丰盛而又实在的东西。实际上又有谁不觉得自己缺少有形之物呢？病人觉得缺少健康，穷人觉得缺少资财，孤独的人觉得缺少子女，悲伤的人觉得缺少朋友。一个人在寻求却又找不到的时候，就感到痛苦了。等到他最终找到了，越找越多，他就感到自己受骗了，因为总是缺少某样东西。就连奥古斯丁不是也抱怨缺少朋友，为其子孙不体面而感到惋惜吗？这些人都是在欺骗自己。

有些人自以为懂得实际上并不懂的东西，这是他们痛苦的另一个来源。这些人不仅受骗，而且还愚弄别人。还有一帮人装腔作势，并以此来愚弄同伴。

除了前面提到的不幸的原因之外，还有两个灾祸需要补充：在一个地方居住的时候，正赶上闹革命改朝换代，这是不幸的。在这个时候愿意抵抗，就是让一个人去面对无数艰难险阻，去经历很多焦虑不安的时刻，而且这还是愚蠢行为；但回避这个问题也同样危险或愚蠢。这个时候财产和金钱是任凭公共灾难摆布的。

第二个灾祸是连续不断的兴衰，人生有限的岁月就在这折腾中度过，这样很多人就在苦苦求生中死去，在为别人谋利益时死去。

这些事对所有人、对老人、对不谨慎的人来说都是艰难险阻，意味着最大的困难，对那些没有经验的人或是没有警惕性的人来说是无法克服的，而且会由于其他人的愚蠢行为而变得更糟，再加上不知道后果，就会让坏人变得更坏，既让他们自己变坏，也让别人变坏。

有些人遭到不幸后迫于无奈，就加入具有保护功能的社团，对别人必须描述天主和死亡的概念：天主是不犯错误的，死亡是最后的灾祸，肯定会马上终结其他的灾祸，迫使我们蔑视其他不幸的境况。另外，你还要用很多你感兴趣的事物来维持你的幸福，如果你只有一个，一旦出现问题你就垮了，或是沦为你自己不幸的奴隶。

第三，判断事物不应该依据数量，而是应该依据质量，因为一个有重大意义的事件刚开始时很不惹眼，而一个不太有意义的事件开始时非常唬人，第一个应该优于第二个。一个人可以缺东少西，由于不可能得到所有东西，我们不应该执着于某一样爱好，除非必要性或安全性要求这样做。所以，我们努力追求美德和财产时，不应该同等地追求，而是应该合乎比例地追求。美德对于任何人来说都不可或缺，而财产可以为任何人提供帮助。

还要考虑的因素是训练可以让儿童受益匪浅。但如果受教后没有获益，那是他们生性邪恶或蠢笨，或是放肆无礼，即便过了童年仍然心胸狭窄。虽然一个人只有一个孩子，但另外还有岁月的煎熬。这是所有不幸的典型，甚至包括贫穷、诉讼、失去遗产和不景气，所有这些都让我摊上了，另外还有最后一个不幸。

最后我声明，除了所有还可以说的之外，实际上还可以得到一些安慰：第一个，你应该仔细想想，即便你一无所有，你缺少的会更多；另一个，你要赶快从朋友中间找一个西庇阿，找一个女婿或亲戚，这样你就不会犯错误，就会竭尽全力，像是干了蠢事之后脱胎换骨了似的，重新致力于你的任务[1]。

　　那么，由此得出一个简短的结论：由于万物都没有意义、没有价值，实际上究竟是什么与我们剩余的活动有关，从此以后就取决于稍纵即逝的事件。尤其是我自己的事务，在很多事例中，这一个就把前面提到的道理显示得明明白白。

　　如果我没有记错的话，1562 年 10 月 17 日，我是在米兰，正准备动身去博洛尼亚。大约六天以前，一个铜钩从我袜带上掉了下来，我用这个铜钩把长筒袜固定在紧身上衣上。我把它忽略了，因为我有很多事要办，时间很紧迫。然而有六副袜带，是在铜钩从旧袜带上掉下来的前一天买的，我都包装好了，打算带到博洛尼亚去。

　　动身的时刻到了，像往常一样，就在我准备上马车的那一瞬间，我想要方便一下。完事以后，在固定袜带的时候，我一直笨手笨脚地没有弄好，一气之下就去了店铺，店铺就在我家旁边——我相信有三家店铺——想买个袜带，但哪里都找不到。

　　我犹豫起来，不知道咋办才好，我想起来以前买过的几副袜带。我派人向我女婿要钥匙，他把钥匙拿回来了。我把箱子打开，箱子是德意志人制作的，开锁的时候有些困难。我在箱子里看到了那几副袜带，看！我的目光落在我撰写的几摞书上，我所有的书都在这里，并且被我放在箱子里准备带上路，这样我就可以把书一起运走了。

　　我感到恐惧，头发竖了起来，吓得倒抽一口气。[2]

────────────────

[1]　这个说法很奇怪，翻译不难解释难。†
[2]　《埃涅阿斯纪》第二卷，774。†

我把书都带上，一起运走了，然后开始讲课。大约在 12 月 1
日，来信说箱子在夜里被人砸开了，里面所有的东西都被偷走了。
要不是找我的袜带，我就不能开课，便会失去职务出去乞讨了，
很多回忆录都会散失，用不了多久我就会死于悲伤。而且所有这
一切，都取决于一件微不足道的小事！人类不幸的状况啊，真是
可怜！

要真正透彻地了解人的风俗习惯，就要深入研究他们戒律的
培养，检查完美的程度，而完美是通过本地的特征、法律、习俗
而得到的。因此，没有教养的人头脑简单、犟头倔脑，所以爱走
极端。这些人好的时候是最好的人，因为他们没有堕落，坏的时
候是最坏的人，因为他们没有理性约束，无论怎样劝也劝不动。
他们的欲望则令人作呕，暴食暴饮起来很不雅观。他们发起怒来
非常可怕，尤其是穷人和富人，因为穷人贪婪、富人野心勃勃。

懒惰的人既粗鲁又招人反感，就这一点来说心地邪恶甚至贪
婪。其中有些人生活在坏政府的统治之下，如果有权势，就利用
其权势剥夺别人的财产，如果贫穷的话，就固守属于自己的东西。
这两种情况都会产生贪婪，既没有爱，也没有信任或怜悯。鲁莽
来自他们的仇恨，使他们成为残忍的人；懒惰的生活使他们卑鄙，
尤其是懒惰再伴随着贪吃和好色。穷困或有社会压力的时候，他
们也会勤奋，生活单调乏味的时候，也会展示一下聪明才智。如
果法律禁止他们接受教育，荣誉就会归于他们的手工艺，抱负就
有了一席之地——比如说在贵族统治之下的时候——他们就致力
于艺术和工艺来扬名立万，尤其是在他们那个地区以多种行业而
繁荣的情况下。在一个共和国，或是在一个只追求财富的地方，
无论如何也没有多少人尊重荣誉。

我举出了人类事务具有讽刺意味的一个例子，现在我再补充
一件事，类似的事情已经发生过无数次。你可能会笑，然而生死

只能取决于此。

这件事就发生在昨天，也就是 1576 年 4 月 28 日。我想穿过一条窄巷去找一个珠宝商，就命车夫到阿尔托维塔罗广场，车夫纯是个笨蛋。他说可以，但以为我说的是另一个地方，就去了那里。我办完事以后回到指定地点，没有见到他。

我猜他可能去了城堡看守广场，就缓缓地朝那里走去，带着几件斗篷——乘车时穿在身上取暖——在路上碰见了温琴齐奥，博洛尼亚人，音乐家，也是我朋友。他发现我没有坐马车。我继续往前走，但还是找不到马车。

突然，我想起让我最担心的一件事，我必须原路退回到桥上去，尽管我又累又饿，浑身是汗。我本来可以向城堡主借一辆马车，但这样张口借有一定的风险，我就没有到他那里去。我把自己托付给天主，觉得智慧和耐心是必要的，我就回来了，但提醒自己一定不要停下脚步，也不要休息。

但走到桥头，我去了阿尔托维托银行，以了解信息为借口，问问那不勒斯货币的兑换率，就坐了下来。代理人兴致勃勃地解释着，这时城堡主进来了，我马上就退了出去，在广场中央看见了我的马车。车夫得到了通知，是我碰见的那个朋友告诉他的。我登上马车，拿不定主意是不是往前走，因为我很饿，这时候我在袋子里找到三小块葡萄干。这样我就安全地完成了这一轮拜访，甚至还很愉快。

在这里你可以看到多少个转瞬间连续发生的事：我先是碰见温琴齐奥，然后他碰见我的车夫，接着是我打算走进货币兑换所，发现代理人没有急迫的事。然后堡主进来，我走了出去，随后碰见我的车夫，后来发现了葡萄干。一共有七件事，其中任何一件事发生的时间提前一点或延后一点，提前或延后的时间只要能说出两句话来，就足以把我毁掉，或是给我带来最大的不便和麻烦。

　　我不否认，其他人偶尔也会碰到这样的事，但很难碰到瞬间就能定生死的事，很难碰到险象环生、含有最大困难的事，这些危险和困难他们自己并不知道。

第五十章

妙语

有些事情应该做，做了之后任何时候想起来都不会后悔。做这些事的才能丧失得比想象的还要快，想起这些事心情是平静的。如果这一记忆能避免担心，那就更好了。

在两条相反的道路中做出选择的时候，最好选择从长远看来带来危害最少的那一条。

萨拉诺常说，接受那些给你带来礼物的人是体面的，但不要勒索那些不愿意给的人。

在不确定如何选择时，挑选从常理上来说似乎更有利的一条路——这在一定程度上显示出良好的回报。如果你只选择自己喜欢的，连撤回的机会都得不到，你是被一个有问题的选择困惑住了，名誉也丧失了。

不愿意讲道理的人是个畜生，所以该挨揍，或是必须与他分道扬镳。只有人靠商议来处理事务，靠商议来寻求利益。

孤僻的人，固执的人，残酷的人，懒惰的人，这些人在主要方面没用，在其他很多方面也没用，所以要首先避开。

尤其是对于强大的人，下面的两个指责一个就够了，任何一个都不会背弃人应该保持的谦虚：你对我不公正，或我抱怨是因为蒙冤受屈。对近亲属，比如说继承人：我死以后，你是想让我的财产得不到保护吗？这样你会让他们感到困惑。

一个人嘲笑我学生人数少，我这样回答说："多纳图斯[①]的作品卖得比维吉尔的都多。"

有人批评我一个人持一种观点，我说："就是因为这一点，独角兽才值那么多钱。"

一个法学家也嘲笑我学生人数少，我回答说："一部分学生到场给人带来的荣誉，比其他不到场的学生带来的耻辱还要大。"

一个医生吹嘘他病人比我多，我回答说："问题不在这，而是在于有多少病人被治好。"对于其他人，我反驳得更难听："那么多人死在你手里，真丢人。"

我劝一个年轻人不要和没有出息的人交往，说我可以让他看到一个苹果让一堆苹果都腐烂，但我不能让他看到一堆苹果让那个烂苹果完好如初。

有些人骂我养了那么多男孩子，我回答说："在这件事上，我受到双重奖赏：做了善事，又听到了坏话。"

智慧和很多无价之宝一样，必须从地底深处挖出来。

有个人把我和其他学者相比较，我引用了维吉尔的这句诗：

这家伙如果硬要和太阳神比唱歌，但有谁在乎呢？[②]

我经常让我身边的人特别仔细地想想这句话，只想这句话："什么是更大的，什么是更小的？"

有一个显赫的朋友，显然表明你是个深谋远虑的人。

---

① 语法学家，维吉尔作品的注释者。†
② 维吉尔，《牧歌》第五首，第九行。†

有个人骂我老了，我对他说："只有天主抛弃的人才老。"

朋友是你在逆境中的依靠，阿谀奉承的人给你出主意。

恶只能由善来治愈，不能由恶来治愈。

我知道人的灵魂不朽，但灵魂如何不朽我不知道。

我欠蹩脚医生的多，欠优秀医生的少，因为蹩脚医生让我失去了仇人，而优秀医生都是我的朋友。

一些心地邪恶的人有一次骂我诊断错了，当时我身边还有一些邪恶无知的人。我说有这样一帮人在我身边，我要是能预测准确，甚至是把其他任何事情做好，那才是怪事哩！

动手做事之前，先想想做好以后你的状况如何——是不是会得到你预期的结果。

一个杰出的人应该在君主的庇护之下。

对朋友要笑脸相迎，朋友应该得到这一礼遇；对仇人也应该如此，这样你就能证明自己高人一筹。

写粗俗诗歌就像是吃生食：为了一点乐趣而让自己遭受大麻烦。

判断一个人可信赖的程度，看看什么对他有利就知道了，除非他在各个方面都是雅量多于诚实。

人事中最大的事，就是确定努力的目标。

我们这个时代最有教养的人，因为只看重眼前的物质事物，被人齐声谴责为不虔诚、忘恩负义、无知。

同样，我在解雇一个仆人的时候说："你给了我满足，但我没有让你满意，因此你迫使我放弃你。"

有人问我："你那么聪明，可你俩儿子为啥那么傻？"我反驳说："因为我聪明的程度比不上我儿子傻的程度。"

那些得到机缘青睐的人，就像是从阶梯上往下跳的孩子，梯级越多越高兴，但危险也更大，吃亏也更大。

有一百件事不说出来，也比说出一件应该绝口不提的事好。

学童应该准备好随时回答问题，这样可以全神贯注，不是仅仅为了随口回答别人提出的问题。

有人问我罗马发生了什么事，我说："百城女王和人事女王有什么事，罗马就有什么事！"

有人问我："你蹲过监狱吗？"我对他说："你也想到里面蹲蹲吗？"我对另一个胆子更小的人说："你干了啥事，这么害怕蹲监狱？"

那些不切题或不值得一读的话题，不应该写到书里去。

巧妙地说出恶毒的话来，你要有一张厚脸皮。你要是听到这样的话，就知道说话的人脸皮厚。

具体事务与理论问题明显不同，熟悉问题有一些帮助，但具备定量知识也是必要的。患有间日疟的病人，给他大黄就是办了好事，即便不知道确切的量。但如果不熟悉治疗方法，还是保持沉默或不出诊为好。

眼泪是治疗悲伤的药，愤怒是治疗遗憾的药，这两种疗法不可避免，已经被历史充分证明。

一般来说，无论任何事，如果可以争取到时间就好。

与人协商的时候，面对冒犯就用冒犯性策略，遇见疏忽的就起诉、勒索，遇见刚愎自用的就发火，遇见傲慢的就对他苛刻，吃饭的时候少上菜，遇见该说话的时候却动拳头的就反击，做出马上向官方禀报的样子。

想洗澡的时候，先准备一条亚麻手巾擦身子。

准备雇一个老妪当仆人的时候，问问她会不会缝纫、洗衣服、烤面包，让她赶快生火。你还要抱怨酒不够喝了。问问她是不是有亲戚朋友，好像你需要这些人似的。问问她是在什么情况下离开上一个主人的，有过几任丈夫，有几个孩子。然后就让她想干啥干啥，或至少留个心眼适当监督她。

张口就把你所知道的全部说出来，这是最严重的错误，不过在事情发展过程中，有时候这样做也是必要的，仔细考虑一下需要有节制。

不要对别人的权利提出要求，尤其是统治者赋予的权利。凡是在你权利范围之内的，提出要求的时候不要讲条件，而是利用你的判断力，不过要有节制。

对于男人，不要把你所有的感受都说出来，而是要注意你给予很多东西的人，远远超过对你借给他的东西的注意。

对于永恒天主的重要性，时间只给了我们一个朦胧的形象，而且由于不断变化，连这一形象也不完美。

在危险情况下，或是在面临恶毒传言的情况下，无论是牵涉你的事务还是你本人，如果你没有把握一锤定音，最好是把这件事放过去。在这方面，很多人都有过错，都太想让人家知道自己懂得多，或一直都很成功。

注意不要把自己的利益交到一个你喜爱的人手里：你要是交到他手里，他会利用你的财产吗？你要是再要回来，就会出现你俩关系恶化的危险，他肯定认为你欠他的人情。

务必让一本书达到其目的，让这一目的成就这本书：这样一本书是完美的，而不是其他书。

有个人对我说："我可怜你。"我回答说："你不配。"

恶只是缺少善，而善本身就是一种美德，这——美德我们有能力拥有，更确切地说是不可或缺。

你如果没有财富，没有子女，没有朋友，但有其他财产，那是你有运气。但如果其他财产都没有，估计你撑不了太久。

虽然技艺有很多种，但有一种冠于百艺：一种基本的精准性。凭借这种精准性，可以用少数例子来解释很多事物，或是让模糊的事实变得清晰，或是用一定的方式表述以前不明确的事实。不过有三个必要条件：所有这些普遍原理与那个主要理论相一致，相互之间非常协调，既相互包容又相互排斥，每一种都特别适应自己特殊的用途。亚里士多德仅仅把这最后一个略去不提，因为当时的科学知识有限。另外还要记住，兼顾风格的优美是合情合理的，比如说故事写作。

很多人抱怨美德，说美德从属于命运，这是不讲道理。还有人认为美德是幸福的女主人——这话实际上配得上一个有生气的人。

> 哲学是命运的征服者，但有些人在生活中学会了忍受不幸，不为枷锁而感到烦恼，这样的人也被认为是幸福的。[①]

但他犯了双重错误：第一，教导说理解力（指我们人类的理解力）比命运更强大，不过我们的日常体验与此相反。理由是命运全方位展示自己，在任何情况下都释放自己的全部力量，而我们只拥有理解力上的一个小枝条，弱不禁风。所以，命运并不比理解力更强大，人的理解力要战胜命运还差得多。不过命运屈服于神的智慧，也不敢涉足她闻到其气味经过的地方。布鲁图临死之前说过的话，也同样不太好听：

> 不幸的美德啊，你只会说好话，
>
> 为什么命运一声令下，你就改变了方向？

尽管普鲁塔克拿出了安东尼关于布鲁图的证据，证明布鲁图一个

---

① 朱文诺，第十三首，第20–23行。†

人杀死恺撒是为了得到这一荣誉，而其他人杀恺撒则是由于妒忌。然而，发生这件事也许有其他动机，并不是普鲁塔克所说的动机。西塞罗写给阿提库斯的信中，提供了以下证据：

> 对已经发生的很多事情，布鲁图感到非常不满，对随后出现的事情感到忧心忡忡。

如果他杀人是为了得到荣誉的话，这种情况根本就不会出现！

另外，西塞罗也抱怨命运不公，因为得到命运青睐的是戎马一生的安东尼，不是他本人，而他一生受到更多的保护，积极投身于演讲。

人们所用的字眼是强壮、粗鲁、愤怒，不过其意义还是充满活力。比较一下提起尼禄时所用的字眼，尼禄是塔西佗描写的对象。布鲁图在煽动叛乱时，想为高尚的美德寻找一席之地，这又是多么愚蠢。在一个被敌军包围的城市里，连一个幸福的人也找不到，在一个叛乱四起的城市里就更少了。所以，幸福在命运中找不到，而在善里可以找到。不过命运能够比美德设置更多的障碍，是美德以命运为敌时无法攻克的。

尤其是三样东西改变其方式——年龄、命运、婚姻生活，所以要当心。与同伴交往也会改变，就像是烧红的铁块，人用手去触摸最糟糕不过了。但就是这块铁，用锤子敲打之后，就成了铁匠收入的来源，成了其他人有用的器具。

悼念儿子的哀歌

> 是谁把你从我手里夺走的？
> 儿子啊，我最可爱的儿子！
> 是谁有本事在我这把年纪，

给我带来无尽的悲伤？

是谁内心的愤怒，是什么可怕的命运

想要掐掉你这朵盛开的花？

无论是诗神卡利奥普，还是太阳神阿波罗，

在你需要时都没有援手相助！

西塔拉琴和歌声全都停止，

挽歌的旋律将再次响起，

向我亲爱的儿子表示哀悼。

——他的歌声仍然在我耳边回响——

呜呼，医术的桂冠，

对万物的了解，流利的拉丁语天赋——

这些成果如果很快死去，

能指望得到什么好处呢？

为西班牙君主提供的服务，

为最尊贵的人所尽的义务，

对你的判决都没有任何帮助，

如果死神拿着镰刀要你的血。

哎呀，我该怎么办呢？

我的灵魂痴迷于你，温顺的儿子。

我默默无语，对你悲惨的命运耿耿于怀。

我不敢声泪俱下，

那就不为我遭受磨难的儿子流泪了吗？

我保留着永久的颂词，

为你的骨灰给予适当的报答。

沉默——耻辱啊——我的舌头必须提防，

宣布死亡及其理由是不公正的。

你承受的不幸很严重，善良的儿子。
君主、议事会和古老的法律
要你死，而你却贸然行事，
给奸妇带来她罪恶的报应。
迅速的惩罚拦住了年轻人复仇的右手，
现在我们家里，
通奸安全地嘲弄和凌辱。

儿子——真像我那
善良强壮的父亲，完全可以
安享遐龄——呜呼，可爱的儿子啊！
命运禁止并清除了一切的善，
越过了遥远的星球，把一切灿烂辉煌的物体
都从灰色地球上移走。
为你喝彩，孩子，为你高高在上的灵魂！
你的血液里没有卑贱的污点，
你追求过祖先的荣誉。
国王站在远处，还有安全的希望，
太阳神不让阳光照到地上，
月亮女神的光逝去了，消失了，
静谧的天上群星不再闪烁，
免得俯视那座肮脏的宫殿，
宫殿里洒满了遇害者散发出腥气的血。

我的路在何方？哪个地方认领
被死神损毁的躯体和四肢？
儿子啊，难道返还的只有这些吗？

我在海上、陆地上一直追随着你！
如果还有地方可以找到怜悯，惩罚我吧，
用武器刺穿我吧，疯狂的诸神啊！
一举结果我这条沮丧的性命吧。
怜悯我吧，诸神之父啊，
用你的长矛刺进我可恶的头，
一直刺到塔尔塔拉；否则我很难
打开生命痛苦的枷锁。
儿子啊，这不是对你父亲的承诺，
爱是这么邪恶，把你的一切都托付给了它，
爱把你毁了，我亲爱的儿子啊！

亡妻啊，你死了多有福，
用不着这样悲伤了！
我因这一罪行而受到羞辱，
我们的儿子啊，妒忌迫使我
离开家乡，不再当家庭守护神。
为了清白的灵魂我寻死，
但我活了下来，战胜了命运。

儿子啊，未来会记住你的名字，
东方各国会听说你的大名。
对我们来说你确实死了——
但你还活在整个世界！

我们所有人都会死，恰如贺拉斯所说，身后只有荣耀，等待
着一个吟游诗人来传扬我们的美德，并被赋予生命后名声远扬，

为此亚历山大一直渴望着一个荷马。另外，由于后世的辉煌业绩，历史会消减我们的荣耀。诗人讲述他们的故事，因此而受到尊重，不过是稍微得到一些尊重而已。贺拉斯的例子是一大奇迹，没有写一首史诗而享有不朽的英名，因为没有史诗人们得不到娱乐。贺拉斯本人说明了这一点：

同时取悦于读者并给读者以教诲，诗人才能成功。①

但成为别人的障碍的东西——拉丁语的纯洁性迅速下降——却提高了他的声誉，因为他本人措辞的纯洁一般人望尘莫及。

辉煌的成就应该永世长存，故事应该由吟游诗人用诗歌形象来创作和夸大，因为干巴巴的叙述会破坏艺术氛围的和谐。因此：

缪斯把完满的话语给了希腊人。②

另外，诗人应该在启示下完成润饰作品的任务，亚里士多德所接受的每一个创作原则都应该遵守，这些原则都在其可靠的著作范围内③。同时遵守这四项原则，就有希望得到不朽的英名，否则就得不到。

为什么要谈论这些呢？

H.④ 为了了解幸福生活所必需的条件。因为人生并没有真正的幸福，要阻止我们盲目而又徒劳地去追求幸福，否则我们会承受痛苦的折磨。

---

① 贺拉斯，《诗艺》，344。†
② 贺拉斯，《诗艺》，323，324。†
③ 《修辞学》。†
④ Hieronymus，希罗尼穆斯。†即圣哲罗姆（约347—420），早期基督教会著名教父，通俗拉丁文《圣经》的译者。‡

S.[1] 说实话，这些哲学还不够。了解我们所追求的一切的最终目的，这既是我们的职责，也是所有工匠的职责。铁匠知道如何制作钉子、铁闩、铁砧、铁锤，也教别人如何制作。钉子用来把木板固定在一起，铁闩用来闩门，铁砧用来承受铁锤的击打。

"而你，"工匠说，"并没有传授这样实用的教诲。什么是幸福还是不清楚，你既没有承认幸福到底是什么，也没有说明幸福有什么作用。这显然非常困难，你说的都是废话，空虚无聊，因为我们不知道你是不是用你的学说提高了我们的理解水平，也不知道你那毫无价值的哲学是不是言之有物。"

所以，他们想听听你的理论有什么用处，如果真有一点用处的话，或是有什么意图。如果没有长处，为什么写呢？为什么教呢？为什么学呢？

H. 有意图，也没有意图。首先是这样，我已经说过，我们知道痛苦的总量大于幸福，幸福基本上不存在。在所有这些空虚中，有时候有一些极微小的、转瞬即逝的善。然而一切都等于零，除非我们学会在适当的时候占有这短暂的善、避免不幸，学会把任何灾祸推开并使之消弭于无形——只要不是极端的灾祸，相比之下这是可能的。我再说一遍，只要灾祸可以忍受，甚至是适度的，绝对不是最可怕的灾难。但要是对这些意见一无所知，你的命运可就真惨了。

S. 所以，在我看来，好处有五个：

第一，你可以减轻灾难，只要不是极端的灾难。

第二，你可以增加幸福的份额，那是人类应该分享的一份。

第三，你可以占有一些极微小的福分，在生活的空虚中很快就可以找到一定程度的富足。

---

① 也许是西庇阿，卡尔达诺选择他作为朋友和对话者。†

第四，我们要知道，实际上有一些非常小、非常短暂的幸福，而美德是幸福的唯一来源，甚至严重伤害也不能将其破坏。

第五，这一好运气可以延长一段时间，因为其根本原因和作用在有些情况下可以显著扩展，尤其是考虑到人生苦短，与人生苦短比较起来是这样。

但要是寿命达到五百或六百岁，所有人都会在绝望中死去，这一稀少的幸福也会消失。

H. 说得好！我要谢谢你，因为你把我的论点阐述得比我所知道的还要好得多。尽管如此，我还要补充一点，就是这一好运气，无论多么微不足道，无论多么稀少——坦率地说，确实几乎等于零——仍然分为四个级别：

第一个阶段就在它出现的过程中，一种瞬间发生的状态，好像是有什么东西，但实际上没有。这样说的证据是哲学家的共识，他们认为这一感觉只是没有痛苦而已。

第二个阶段是它刚刚过去，其原因和结果还在，所以看上去像是存在的样子。

第三个阶段是时间已经过去，但仍然记忆犹新，虽然有些模糊，没有实体。

到第四个阶段，所有这些状态都了无踪迹，像是变成了日常生活中的偶然事件，从记忆里消失了，虽然可以回想起来，但这一回忆没有任何效果。

所有这一切都证明，在尘世间度过一生而没有经历任何重大灾难，这就足够了。

第五十一章

我感觉没有做好的事情

特洛伊人对自己的愚蠢行为知道得太晚了①。我们有些人也像特洛伊人一样，对不可能不犯错误这个道理认识得太迟钝。但不可避免的是，那些想为寻欢作乐做出贡献的人会多次犯错。

我最严重的错误是教子无方，而正确的抚养可以达到影响最深远的结果。但我缺少方法，缺少审慎的儿子、兄弟、姐妹、亲戚、朋友，缺乏财力、影响力，缺乏忠实的仆人。不过如果我愿意的话，我可以选择放弃很大一部分写作，可以强行控制情绪，可以克制寻欢作乐。如果我愿意的话，我可以更勤奋地建立友谊，等待博洛尼亚大学议事会的裁决。不申请这一职位虽然有一些好处，不迫切要求不是好处更多吗？在这种情况下，有竞争对手反对你，朋友的影响力又不能满足需要，一个有利的时机会更有用。

我热衷于下棋，这实际上并不算是多大的缺点，不过我更坚信贺拉斯的这一看法：

---

① 源于特洛伊人的一个谚语，他们在十年之后，终于希望把海伦和与她一起被偷走的东西归还给希腊人。†

> 我对往昔的岁月非常满意，
>
> 让天神在明天布满乌云吧，
>
> 或是让阳光灿烂吧。[①]

再加上这一建议：不要让过去妨碍了你未来的福祉。

除了这些缺点之外，在节食上和谈话的优雅上，我没有给予足够的关注。所以，在总体表现上，我对七个公理遵守得不够，好处是什么呢？我虽然沉湎于文学，但在其他兴趣方面我也同样始终不渝，结果影响了我在文学方面的投入，这样收效就打了折扣。有很多东西我都缺乏，这些东西也太多了——好记性、年轻时懂拉丁语，健康的身体，朋友，能提供帮助的家庭，长期稳定的生殖能力，优雅迷人的风度，至少具备常识的儿子。与此相反，我有的是绰绰有余的胆怯，还有打不完的官司，脾气坏的长辈，战争和异端邪说肆虐的岁月。

但你可能会说，你不能凭借学过的知识改善生活状况吗？真相不应该伤害任何人：我发现其他人所发现的事物，在很大程度上是错误的，或者是我连大多数不营利的应用在哪里也不知道。我自己的发现更有用，但发现得太晚了。如果我后来掌握的知识能及时到来，如果别人寻求的事物让我早些确认，我的日子可能就不会那么艰难了。

不过我仍然有那么多幸事，如果别人有那么多，他就会认为自己幸运了。我懂得很多学科，有自己家族的继承人，享有清白的名声，虽然由于不幸而蒙上了阴影。我已经出版了很多书，还有很多马上就可以出版。我有名望，有地位，有老老实实挣来的钱，有权力很大的朋友，同时了解很多行业，尤其是极为崇敬

---

① 贺拉斯，《颂诗集》第三部，第二十九首，第 43—44 行。†

天主。

　　然而，就像我常说的那样，一个人不可能取得所有成就，也不可能在每一个领域里都出类拔萃，即便是在某个领域里出类拔萃，也不可能达到完美的程度。所以，事实就是这样！每一个人都做不到的事，你会要我做到吗？既然所有人都没有达到目标，我犯错误你还会感到奇怪吗？

第五十二章

时代的变迁

我们一生中的不同时期都有变化，其中有习俗的变化，有体形的变化，有性情和外貌的变化。我听人说我童年时发胖、面色红润，少年时代骨瘦如柴、长脸、肤色白嫩、红脸膛。我长得非常快，到十六岁那年，身子就差不多长成了，好像和我现在一样高，性情倾向于忧郁。到青年时代，我的头发呈沙褐色，风度和秉性没有任何特殊之处，心态好，喜爱娱乐，尤其是喜爱音乐。

我在三十岁到四十岁之间没有多少变化。我遇到的麻烦事让我感到不安——贫穷，拖家带口，身体虚弱，竞争对手充满仇恨。我曾给一个贵妇人巴尔托洛梅亚·克里贝拉治好了病，接着又给她兄弟治好了病，这个兄弟逐渐康复的时候嘲笑我。我对他说："你们这些人想干啥？"——其他人也和他一起嘲笑我——"假如他的病没有治好呢？"

这个时候还不能指望这一切过去之后——但不是在我三十九岁之前——我就开始恢复正常了 [1]。然而，在接下来的四年里，也

---

[1] 卡尔达诺确实是在三十九岁才克服以前的障碍，开始在一定程度上过上舒适、富足的日子。†

就是从 1539 年 9 月 1 日到 1543 年 11 月 1 日，除了奋斗之外我什么也没有做，凭借个人资源和公共措施，为了摆脱困境，得到一名大夫应有的荣誉。

因此，改变命运的第一年是我四十三岁那年。从这一年直到我七十岁那年，中间隔了差不多二十七年——伯罗奔尼撒战争持续的时间——在此期间我撰写了所有那些书。从七十一岁到七十五岁过去了四年，其间我撰写了十二部著作，共有十八本。我撰写的大部分作品都已经出版，其中一部分是旧学说，一部分是新学说。

早年我将七年时间投入娱乐——音乐和其他活动——投入赌博和钓鱼，尤其是钓鱼。后来，我学习辩论，同时发现自己更缺乏身体的健康。我牙痛，有几颗牙掉了。我患了痛风，但并没有受到折磨，发作通常持续二十四个小时，无论疼痛程度如何，都是趋向于缓和。

直到六十岁那年，我的生命力并没有减弱，所以我力量的下降是因为精神痛苦，不是因为上了年纪。从那年以后，我把料理家务当成职责，但很多挫折对我造成了伤害，所以我能活到现在就是个奇迹。

要是有人列举我遇到的麻烦事、担心的事、痛苦和悲伤、处理日常事务时犯下的错误、我对维护个人利益提出的要求、对贫穷的恐惧、失眠、肠道疾病、哮喘、皮肤病甚至阴虱病、我孙子反复无常的性格、我儿子的罪孽，他对我仍然活着会不感到吃惊吗？我好多牙都掉了，只有十五颗还在，它们既不完整也不坚固。

有那么多阴谋要害我，有那么多诡计要引诱我落入圈套，我的老仆人偷窃，车夫酗酒，所有工勤人员都撒谎、懦弱、没有信誉、傲慢，我命中注定要对付这些！我没有一个人可以依靠，连半可靠的人都没有一个。我躺下睡觉的时候，有六次，或大约六次，我坚信再也醒不过来了，我有那么多负担，行为方式上有错误。受到这些折磨，我有两次认为我会在夜里死去。我最后的遗嘱（我希望是最后一份）还没有起草好。

你会说你要怎样抗争才能消除这么多麻烦呢？深深的悲痛是医治悲痛的药物。我以义愤来面对鄙视，致力于认真研究来补偿对子女荒唐的爱。轻微的悲伤我以下棋来消除，巨大的痛苦我就展示出虚假的希望和打算。我不吃早饭，但胃口大减，早上吃一个烤苹果或十五个克里特葡萄干就行了，不喝酒，也经常不喝水，不是这一样很少，就是那一样很少。近来我选定了一种很好吃的食物，我希望对健康有好处——把面包蘸入盖伦的"白汤"就行了，其他什么也不要。我的晚饭更丰盛一些。

在所有这些变迁中，我脑子里一直想着我那本书《论最佳生活方式》里的一些片段。我一直想着苏拉儿子的遭遇，恺撒下令把他夫妻俩都杀掉，因为他妻子是庞培的女儿[1]。昆图斯·西塞罗的遭遇如何？他兄弟马库斯呢？她女儿死的时候没有一个继承人，当时她父亲甚至还健在，父亲因此而发了疯。他虽然有个儿子活了下来，但好像既没有儿子也没有女儿。我还想起不幸的特伦西亚，她所有亲人都死了以后她活了下来，还记得她的百年生涯[2]，记得当年花好月圆的婚姻生活。尘世间的枯荣沉浮，真让人想不到啊！泰奥弗拉斯托斯的著作[3]那么有吸引力，那么有用，现在情况如何？

---

[1] 福斯图斯，独裁者苏拉及其第四任妻子凯西莉亚·梅泰拉的儿子，娶了庞培的女儿，内战期间站在岳父一边。他在恺撒军营里被谋杀——在一场骚乱中被士兵们俘虏，囚禁在那里。†

[2] 据说她活到一百零三岁。†

[3] 肯定是这位哲学家散失的著作。卡尔达诺在世的时候，泰奥弗拉斯托斯尚存的著作有很多版本。卡尔达诺的仇人尤利乌斯·凯撒·斯卡利杰是一位最合格、最杰出的学者，为阐明泰奥弗拉斯托斯的著作做出了贡献。†

经过长期试验，我现在确定下来的晚餐是被烹饪适当的嫩的大鱼。为了提供最多的营养，把鱼用文火煮一煮，硬实的部位充当食物。我通常选一条鲤鱼，但罗马这个地方没有鲤鱼。作为替代，我就吃大菱鲆、比目鱼或狗鱼，重量从四分之三磅到一磅半都可以，或任何嫩的、体型宽的鱼，甚至鲻鱼也行。我不吃池塘里的鲤鱼，他们称之为红眼鱼，其理由我在其他地方已经说过了，但不包括小河里的鲤鱼。

一道好菜是甜菜汤配大蒜，或是海扇汤、蟹汤、蜗牛汤，用绿月桂树叶做成。新鲜的琉璃苣叶和水萝卜叶可以代替甜菜、苦菜花或菊苣根，用来做凉拌菜。或是用新鲜的蛋黄代替其中一种，我通常吃一个蛋黄就行了。我吃切开烤熟的白肉，吃小牛蹄、家禽和鸽子肝，也吃脑子和任何一种内脏。肉在烤肉叉上烤成深褐色，然后切成细条或薄片，用切肉刀的刀背拍软，然后放在热羊油里翻转一会儿。我最喜欢在肉汤里炖熟的肉，这比其他任何肉菜都好吃。

我脚冷的时候就洗脚，这样就能回暖。我吃饭的时候，饭不热不吃，干的部位不湿不吃。吃过早饭以后，我不外出散步，晚饭以后更不散步。我在情绪上变得更为稳定，也更有勇气，这与我的理解力相称，不是因为这个政治体制。死亡在我看来应该是可怕的，所以我厌恶死亡。把死亡留给那些面对死亡时不发抖的人吧，留给跑着去迎接死亡的人吧，就像坎帕尼亚的陶里亚[①]那样，如果嫌等待死亡还不够的话。

但我要言归正传，谈谈从一个时代到另一个时代的变迁。我经常在个人事务中发现，就连那些最隐秘的东西，也会变得面目

① 坎帕尼亚上层人士，第二次布匿战争中以勇敢而闻名。公元前 215 年，他与克劳迪亚斯·阿塞鲁斯单打独斗。公元前 211 年，罗马人夺取加普亚以后，他自杀身亡。†

全非，你会说有个恶神，其职责就是把事情搅和成一锅粥：我的钱被一扫而空，然后又增加了，然后又转移到其他渠道。我怕你认为我油嘴滑舌或记忆力出了问题，听听我昨天出的事吧，其后果一直持续到现在。

　　我清楚地知道，有多少喜怒无常可以归咎于这种变化的性情。我安静地吃了饭，然而从吃完饭算起，我对其他人的所有书，还有我自己的书，那些已经出版的书，产生了一种强烈的厌恶情绪，一想起来就不能忍受，一看见也不能忍受。不过理性还在，我意识到其原因像是忧郁发作一样——尤其是这些保存下来的书都是最好的书！

　　但关于我的钱又是另一码事：既不是诡计也不是发疯，没有人把钱拿走，也没有出错。如果不是因为某种外部混乱，这种不停的变化又是因为什么呢？

第五十三章

谈话质量

在谈话艺术方面，出于多种原因，尤其是到我这个岁数，我认识到自己并没有多少风度。

首先是因为我喜欢孤独，我与喜爱的人在一起的时间，绝对没有我独处的时间多。因为我爱天主，爱我的善神。这样一来，我在独处的时候就沉思，一是思考天主，二是思考善神。天主是无限的善，是永恒的智慧，是纯洁之光的光源和创造者，是我们真正的喜悦，没有丧失的危险，是真理的根基，是慷慨赐予的爱，是万物的创造者，受到自己的祝福，是所有圣徒的保护神，是他们强烈的渴望，是至深、至高的公正，照管着死人，也没有忘记活人。善神是我熟悉的精灵，受天主派遣来保护我，富有同情心，是我的好顾问，我在逆境中的助手，我的安慰。

那么，你会向我指出一个什么人呢？无论是何种状况的人，并不总是受到玷污，承受着自己的污秽，被自己的水弄脏，而且连自己的血管都不纯洁。有不少人虽然更有礼貌，不过肚子里满是寄生虫。其中有很多人，也有很多女人，这些人习惯于讨人喜欢——对所有事物都给予公正评价——抓自己的虱子。有些人腋

窝发出臭味，有些人脚发出臭味，更多人嘴里发出臭味。考虑到
这些现象，就人的身体而论，世上还有我可以喜爱的人吗？就连
小狗小羊都要纯洁干净得多。

　　我转而考虑人的灵魂。还有什么动物比人更靠不住、更卑鄙、
更好欺诈呢？我把人灵魂中容易生病的那一部分放在一边，只爱
人的智慧。但什么智慧比神的智慧更真诚，或更高尚、更无懈可
击，或真正能够传授真理呢？图书馆里藏有书，但灵魂贫乏、没
有学问。人们抄写，不再创作。才华并不缺，缺的是其他东西。

　　这样一来，我可以从社交中指望得到什么呢？人饶舌、贪婪、
虚假、诡计多端。在这个繁荣昌盛的世纪，在这个印刷术的发明
提供了有用机会的世纪，给我找出来一个发现了泰奥弗拉斯托斯
所发现的百分之一的人吧，我愿意和他交往。更确切地说，他们
凭借没有价值的东西，凭借他们的 οὐ 和 ὄν，把这个漂亮的发明给
糟蹋了。

　　但为了这些目标，这样与人交往并没有益处，因为发明是生
活悠闲的结果，没有烦恼，致力于有意义的思考，也致力于试验。
所有这些都是独处的结果，不是与人交往的结果，读一读阿基米
德就知道了。就我个人来说，在我的六十项发现中，受惠于别人，
或受惠于与我交往者的，恐怕连二十项都不到。我不想落个说假
话的污名，如果我把数目说得更少一些的话。在数学方面，我承
认自己从同业尼科洛①那里得到几次启发，但很少。有多少次都是
一无所获！有很多我是受惠于其他来源，不过直到今天，很多我
都是受惠于一闪而过的直觉这一秘诀，或是受惠于某种更强大的
力量。

　　所以，我还要和人打交道干什么呢？

----

① 尼科洛·丰塔纳，即塔尔塔利亚，参见第四十四章。†

　　还有这样一个理由：幸运的人不屑于和我交往；我本人也没有必要与不幸的人为伍，我要是想对他们说些安慰话，也改变不了他们的状况；我要是表现出一点愤怒，他们就会见怪。另外，老人脾气不好、忧郁、爱抱怨、令人讨厌，说这样的话有什么好处呢？

　　人生短暂也是个理由。我们的寿命是七十岁，强壮的人能活到八十岁①。我们没有多少时间操心琐事，我要用一天中的什么时候去处理呢？我要占用沉思的时间吗？这是侵害权利和职责！占用写作时间吗？操闲心是愚蠢的，我以前曾经可以躲开这些事，但这是糟蹋我的空闲时间！我要挤占锻炼身体、睡觉和处理家务的时间吗？

　　另外，我花这个时间和谁在一起呢？和朋友吗？没有用，他们希望得到的是我的劳动成果，而不是谈话！和其他人吗？如果是和阅历丰富的人在一起，也许他们会以为比我懂得多。如果他们确实比我懂得多，就会有关于定义的辩论。假使我想学习他们的观点会怎么样呢？或者是想教导他们呢？你这样慷慨地传授知识，得到的回报除了仇恨之外一无所有，这是狂妄，是放肆的行为！

　　我要单独和一个人交往呢，还是和很多人交往呢？要是和很多人交往，要达到什么目的呢？要是单独和一个人交往，你以为他是你的神吗？这样你会促使其他人妒忌你，你不得不再次掉进不得人心的汪洋大海之中。很多人会同时和你说话，但会偷偷地嘲笑你，你会面临很多事情，而自己却得不到任何好处。

　　说到什么最重要，魅力是社交的一个必要条件，谈话时要有令人愉快的举止——这两个条件，与一个老人的状态和习惯相距

---

① "我们一生的年日是七十岁，若是强壮可到八十岁。"参见《圣经·诗篇》，90：10。‡

甚远。为说明这一点，我只举出亚里士多德本人作为见证人。出于这些原因，我在谈话时一直都有困难，这又反过来成为我不参加宴会的一个借口。尽管如此，我仍然不拒绝那些善良的、正直的人，尤其是不拒绝那些请求我给予同情的人，或那些应该受到我善待的人，我也不拒绝接受聪明人。

但你可能会说，人是社会动物，你这样与这个世界断绝关系，还能有啥出息呢？这个世界能为你干啥？你吹嘘朋友权势大，是不是空口说白话，或这样说是为了得到好处？有些人通过和朋友一起吃饭，或通过欢声笑语来给他们带来快乐，他们为什么要抛弃这些朋友来和你交往呢？你搞的研究如果别人不相信，能给你带来什么好处呢？

如果别人不知道你懂得你的这些知识，就毫无价值。[①]

最后，这些对人性非常有用的关系如果缺失，你就会遇到很多不便之处，我知道有人会抓住这一点来反对我。但有一点我没有忽略：很多情况似乎很棘手，不讲一点道理，当你去处理的时候会大不一样；与此相反的是，其他一些情况似乎很容易，也有利可图，但实际上很难，不合理。

这一生活态度大体上是我主张的，必不可少的都在这里，那些我认作朋友的人都考虑在内了，有这些人就够了，他们比一大帮熟人都更有用，而且也更值得信赖[②]。

---

① 佩尔西乌斯，《讽刺诗》第一首，27。†
② 最后这句话给解释造成很大困难，因为原文理解起来有点困难。†

第五十四章

尾声

好了，我已经不再受到诋毁我说谎的困扰了，自己老了，我一辈子都热爱真理，而热爱真理是与热爱天主、希望得到永生、拥有相当的声望、拥有智慧的优势密切联系在一起的，这一综合优点我不愿因为一个不智之举而让它毁于一旦。把这事留给那些因为无知而上当的人吧，这些人喜欢说谎话，把所有听到、读到甚至看到的事情都夸大，希望以此来骗人。但这些人会仰仗某个希望怀疑这些事情，对其证据一点也不相信吗？即便是一个可信的人有一千个证据，或一千个人有证据也不行吗？

因此，除了对真理的热爱之外，任何事情也不能对我产生影响，但人们的想法显然不一样。这些差别就像鸟一样：有肉食性的鸟，其他鸟有恶习，比如说渡鸦和乌鸦，忙于贪吃、抢夺、欺骗、虐待。也有品种好一些的鸟，比如说鹰或隼，这些鸟凶猛、傲慢。如此说来，如果这些人不考虑这些真相，又有什么奇怪呢？虽然这样对真理忠贞不渝的例子，在所有历史学家的书里都随处可见，无论是对神虔诚的历史学家，还是亵渎神灵的历史学家。天主及其创造的世界并不支持那些反对我们的人，而是造就圣徒，支持那些具有真正智慧的人———一大群对一小撮，真诚的人对说谎的人和聪明的傻瓜。

君主应该关注这一措施，也就是依照古代的先例，他们应该用正当的惩罚方式，惩罚那些谩骂正直者和学者的人。如果他们忽略这一点，其中一个人就要代表所有人来强制执行，根本不管他们的权利可能被剥夺这一事实。

出于这一原因，我在前面一章中列举了我的医术①，这不是为了自我炫耀。会有人认为我太不明智，想用这种方式去操这份心吗②？我之所以这样做，就是为了让人们知道我到底是个什么样的人，只要他们能找到真相———一句话，我是个说真话的人，一个正直的人，我的能力是从神灵那里得到的。

另外，人做成事是凭借技术、理性、忠告和神的启示，或者因为时机有利，或者因为心血来潮，或者只是偶然因素。

技术是实用知识，比如说铁匠所拥有的知识。忠告从属于人的决定，如果不是朋友，任何好意也不能打动他，任何迅速实施的试验也不能打动他。神的启示是一种稀罕物，对任何人来说，都不是在各个方面都让人满意的来源。机会很好，尤其是预见到的机会，但它并不总是清晰地显现出来。理性在熟悉的领域里是最安全的向导，也经得起检验，而偶然性则不好。心血来潮最糟糕，由于心血来潮，有时候会陷入困境，因为这是愚蠢行为。至于理性的担忧，我的手册《行为》是我的指南。

在意义重大的事情上，有一闪而过的直觉，这一直觉你可以提到，但无法描述。一切非尘世间的事物，都由伴随我的精灵处置，这一精灵既不能描述，也不能提到，不在我掌控之中。

---

① 第四十章。†
② 再次宣扬自己是个医生，随时准备行医。†

图书在版编目（CIP）数据

我的生平 /（意）吉罗拉莫·卡尔达诺著；王宪生译 . —杭州：浙江大学出版社，2021.9

书名原文：THE BOOK OF MY LIFE

ISBN 978–7–308–21187–1

Ⅰ . ①我… Ⅱ . ①吉… ②王… Ⅲ . ①吉罗拉莫·卡尔达诺—自传 Ⅳ . ① K835.465.611

中国版本图书馆 CIP 数据核字（2021）第 048922 号

我的生平

[意]吉罗拉莫·卡尔达诺　著　王宪生　译

责任编辑	王志毅
文字编辑	田　千
责任校对	黄梦瑶
装帧设计	宽　堂
出版发行	浙江大学出版社
	（杭州天目山路 148 号　邮政编码 310007）
	（网址：http://www.zjupress.com）
排　　版	北京楠竹文化发展有限公司
印　　刷	河北华商印刷有限公司
开　　本	635mm×965mm　1/16
印　　张	17
字　　数	220 千
版 印 次	2021 年 9 月第 1 版　2021 年 9 月第 1 次印刷
书　　号	ISBN 978–7–308–21187–1
定　　价	72.00 元

版权所有　翻印必究　印装差错　负责调换

浙江大学出版社市场运营中心联系方式：（0571）88925591；http://zjdxcbs.tmall.com

本书译自 JEROME CARDAN，THE BOOK OF MY LIFE (*De Vita Propria Liber*)，TRANSLATED FROM THE LATIN BY JEAN STONER，E. P. DUTTON & CO., INC. 1930